Truth In Fantasy 60

城

池上正太とORG 著

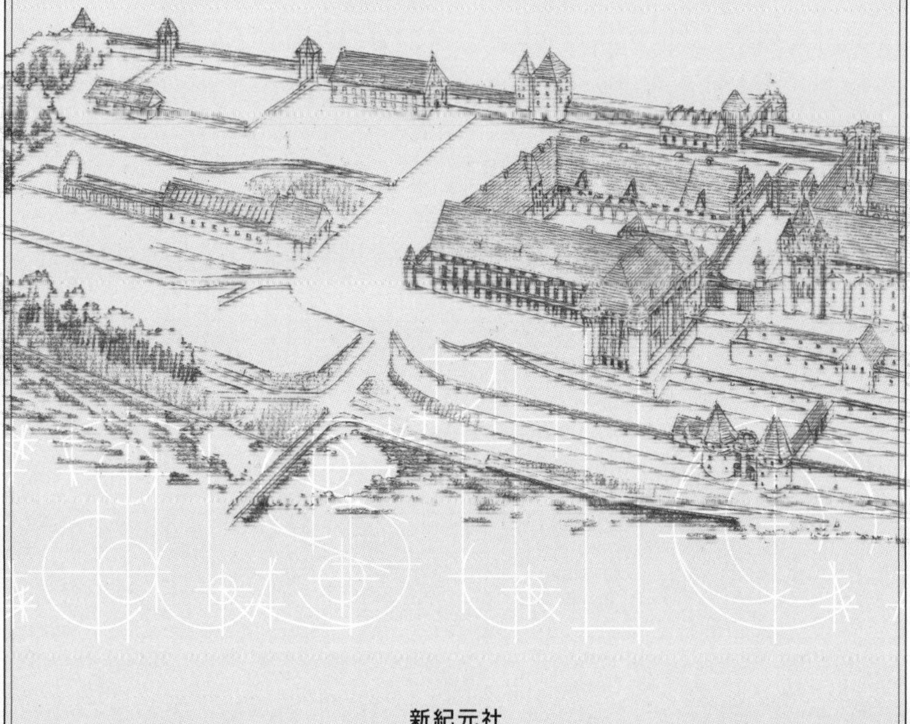

新紀元社

はじめに

人類の歴史を紐解くとき、避けて通ることができないのが戦争である。好むと好まざるとにかかわらず、人類はその長い歴史の中で多くの戦いを経験した。そして、その中で多くのものを生み出し、歴史や社会、文化に大きな影響をもたらした。

城砦もまた、闘争の歴史の中で生み出され、発展していった存在である。

それには当時の最先端の建築技術が用いられ、さらに実戦の中で得られた情報をもとに新たな改修が加えられていった。

現代に残されている城や要塞の遺跡は、まさに当時の人々の知恵と技術の結晶であり闘争の記憶なのだ。

本書では、それぞれの城砦のイメージをつかみやすいように、城砦の現状や図面、復元図をイメージイラストとして掲載したので参考にして欲しい。

ただし城砦の世界は奥が深く、本書では紹介しきれない数や種類がある。

そのため本書で取り上げた城砦は、ごく基本的な分類で区切れるもので、その解説自体も比較的わかりやすいものにとどめている。つまり、本書は城砦の世界を知るための手がかりでしかない。

もし読者がこの本をきっかけとして、より深く城砦に興味を持ってくれるなら著者としてこれ以上の喜びはない。

拙作によって、貴方の貴重なひとときが実り多いものになってくれることを切に願う。

目　次

fortification

第3章　世界の城砦史

コラム

第1章

城の形式と防衛施設

城砦はその時代ごとの文化や技術、そして土地の民族が持つ概念によって姿を変えてきた。それらは今までの技術の延長線上での変化であったり、全く違う文化が融合した結果であったりしたが、多くは発展というかたちであったと見て間違いない。

その全てをここで紹介できれば一番良いのだが、それらの種類はあまりに多岐に渡る。細かい説明は本文に譲るとして、この項目では本文を読む参考になるように、皆さんにもなじみが深いヨーロッパと日本の城砦の変遷について紹介していく。

またここで紹介する城砦は、それぞれの内部に多くの防衛施設を備えている。しかし、その名称は非常に専門的なものが多く、どのような形状や機能を備えているのかを想像するのは難しい。そこで、主要と思われる防衛施設をピックアップして紹介しておくことにする。実際に城を見た際に、どの部分がどの防衛施設にあたるのかを想像してみると色々な発見があるだろう。また、それらにおけるヨーロッパと日本の差異を比べてみるのも面白いだろう。

形式の発展

■モット・アンド・ベリー形式

<11世紀前半：イギリス／ノルマン地方>

主にヨーロッパに住むノルマン人たちによって築かれた古い形式の城砦。「モット」と呼ばれる人工的に造られた６～12メートルほどの盛り土の丘と、その麓《ふもと》につくられた「ベリー」という円形の前庭で構成されている。建材には木が使われた。モットは領主の館、もしくは見張り塔として使用され、ベリーには城の住人たちの暮らす館が設けられている。

モット・アンド・ベリー形式

■シェル・キープ形式

<12世紀後半：イギリス／ノルマン地方>

モット・アンド・ベリー形式から発展したといわれる形式で、基本的な造りは同じものだ。最大の違いはキープ（天守）が石造りであること。円筒形の壁を中心としたキープには壁の内周にそって衛兵詰め所や寝室などが設けられ、中庭がある。石造りの城が発展していく過渡期に誕生した形式である。

シェル・キープ形式

■レクタンギュラー・キープ形式

<12世紀：イギリス／フランス>

最初から恒久的な重要拠点として構築された建築物で、敷地の中央にキープを建てることでより強力な防衛機能を備えていた。キープは、矩形《くけい》（長方

形）を基調としていて、内部は２～４層程度からなり、材質は石造りや煉瓦《れんが》積みである。歴史的にはローマ人たちが築き上げてきた城砦の影響が非常に強く、それまでノルマン地方で発達してきた形式とは一線を画すものである。

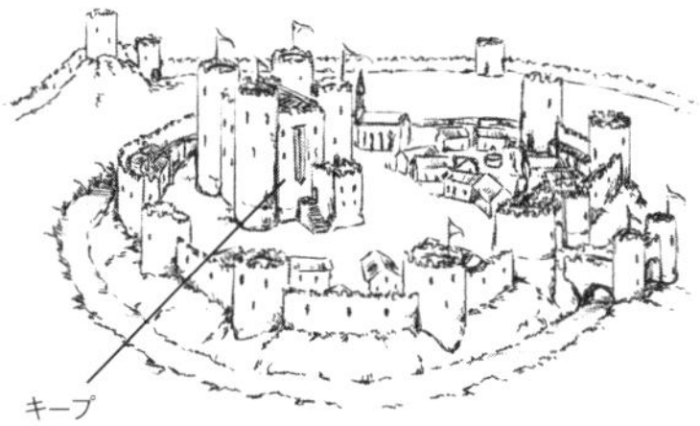

レクタンギュラー・キープ形式

■エドワード式城砦

<13世紀：イギリス（ウェールズ）／ヨーロッパ全土>

エドワード式城砦を含むコンセントリック型城砦は、十字軍による中東との接触によって考案された新しいタイプの城砦である。城の中枢部分を幾重にも取り囲んだ同心円状の城壁が特徴で、城壁の角や弱点になりやすい部分に塔を備えている。塔は互いに弓矢の射程範囲に設けられ、相互援護が可能になっていた。全体的な防御能力の向上によって、キープ（天守）が廃止されたことも大きな特徴である。

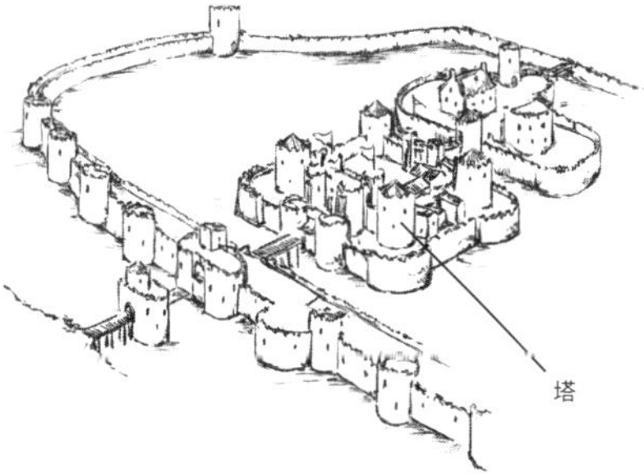

エドワード式城砦

■ルネサンス式宮殿

<14～17世紀：ヨーロッパ全土>

13世紀後半のルネサンス思想をうけて生まれた建築物。戦闘に用いられた城というより、領主の館や政治的拠点としての役割が強い。建物は対称形や黄金比率によって配置され、多くは正方形、円形、正多角形、ギリシャ十字などの面を持つように設計されていた。防御施設を備えている場合もあるが、それ自体は装飾的な意味合いが強い。

ルネサンス式宮殿

■要塞

<15世紀:ヨーロッパ全土>

大砲に対抗するために誕生した新しいタイプの城砦である。施設は大砲で狙われないように低く造られ、城壁は衝撃を吸収できるように土を基本として造られた分厚いものになっている。また、「稜保《りょうほ》」と呼ばれる防衛施設を持つ。後年、これらは死角をなくすために角型となり、このため、時代が進んだ要塞を上から見ると、キレイな星形に見える。これはフランスの天才築城家ヴォーバンによって完成をみた形式で、後に軍事要塞へと発展していく。

要塞

外郭の防御施設

城砦の外側に設けられた防御施設は、日本の城でいう曲輪《くるわ》に相当し、それぞれの区画や施設ごとにさまざまな構造を持っている。

■ベリー　[Bailey]

前庭や内郭、外郭など、城の防衛用に築かれた区画。ベリーは古い言語で後に「ウォード」[Ward] といわれるようになった。

■バービカン　[Barbican]

主に門やその周辺を守るために築かれた区画。バービカンを経由しない限り、門には到達できないような構造になっている。

形状は千差万別で城壁や塔を備えていたり、その区画自体が大きな建造物になっていることもあった。

バービカン

■水濠《みずぼり》　[Moat]

城の周囲にめぐらされた水を張った溝が水濠である。水源は城周辺の川で、ダムでせき止め、水が涸《か》れないようにしてあった。

■空壕《からぼり》　[Ditch]

水濠に対して、こちらは水を用いないタイプの壕である。たんに溝を掘ってある場合が多いが、杭などの障害物が備え付けられている場合もあった。

■搦《から》め手《て》　[Postern]

「搦め手」の他にも「抜け道」などさまざまな呼び方をされている施設だ。城壁などの一部に設けられた小さな出入り口で、緊急時の脱出や敵の背後に回りこむために使用されていた。

建物や構造物

城砦を城砦たらしめているのが、われわれが「城」と呼ぶ建物や構造物だろう。これらは防衛上の要として機能し、効率よく敵を撃退するためのさまざまな工夫が凝らされていた。

■キープ　[Keep]

城の中心となる建物で俗にいう「天《てん》守《しゅ》」だ。時代や地域によってさまざまな形状があり、構築している建材もさまざまである。

名称は国ごとに違っていて、イギリスでは「キープ」、フランスでは「ドンジョン」［Donjon］、ドイツでは「ベルクフリート」［Bergfried］と呼ばれる。

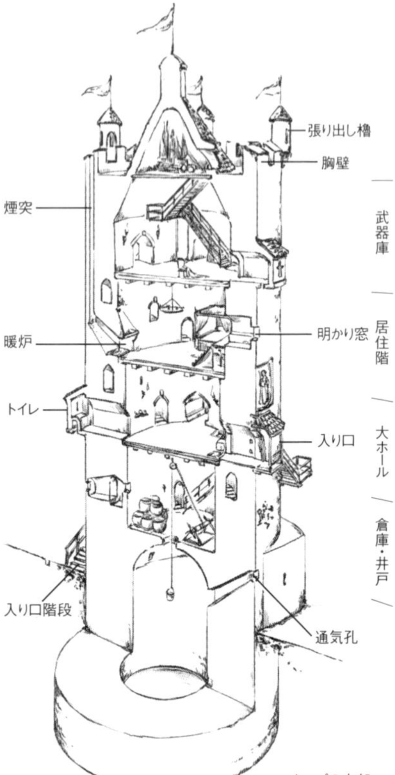

キープの内部

■ゲートハウス　[Gatehouse]

防御用の櫓《やぐら》や塔を備えた門のこと。古来、城内に侵入するための城門は城攻めにおける最大の激戦区であり、最も防御を固める必要性があった場所である。

そのため、防御用の施設が多く設けられ、最終的には専門的な建物を備えた「ゲートハウス」に進化していった。このようなゲートハウスは城内で最も防御能力の高い建物であることが多く、「キープ」として扱われることも珍しくなかった。

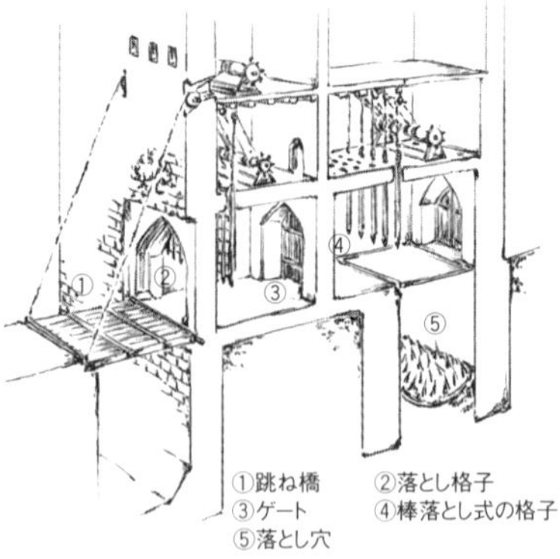

ゲートハウスの内部

■殺人孔　[Murder Hole]

恐ろしげな名前を持つ防御施設は「ゲートハウス」などに設けられた穴のことである。穴の下を通る敵兵に対して煮えたぎった油や砂、ときには汚物を落とした。

■落とし格子《こうし》　[Portcullis]

俗に「吊るし門」と呼ばれる。あらかじめ門や「ゲートハウス」の上部に吊るしてあった鉄製の格子戸を落とし、敵の侵攻を食い止めるというものである。映画の城攻めのシーンで登場する黒い鉄格子のようなものだと思ってもらえれば間違いない。

落とし格子は通路を塞《ふさ》ぐだけではなく、格子と格子のあいだに敵を閉じ込め、その隙間から槍や弓矢で殲滅するという使い方もされていた。

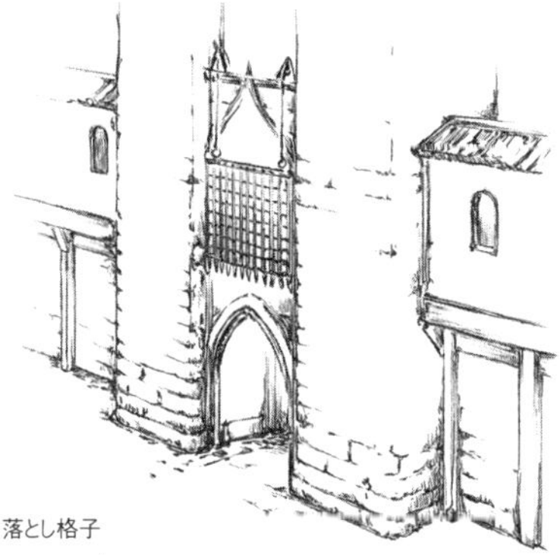

落とし格子

■塔　[Tower]

城の防衛拠点として扱われる建物。日本でいえば櫓《やぐら》に相当するものだ。城砦が造られた初期の塔は矩形《くけい》（長方形）型のものが多く、防御的な欠点や死角があったため、後年にはより死角が少ない円形のものが主流になっていった。さまざまな種類があり、その配置の仕方も国や時代の様式によって千差万別である。

■胸壁《きょうへき》　[Battlement]

凹凸状の低い壁を備えた城壁上層部の総称。防御側の兵士は、この陰に身を隠しながら敵兵に弓や銃器を放ち戦った。また、石や油を落として攻撃することもあったと思われる。

木製の覆いがかけられた胸壁・狭間

■狭間《はざま》／矢《や》狭間《はざま》　[Loophole]

城壁や防御施設の壁に設けられた穴で、敵兵に弓や鉄砲で攻撃する際に使用された。採光窓や換気孔としての役割もあったといわれている。

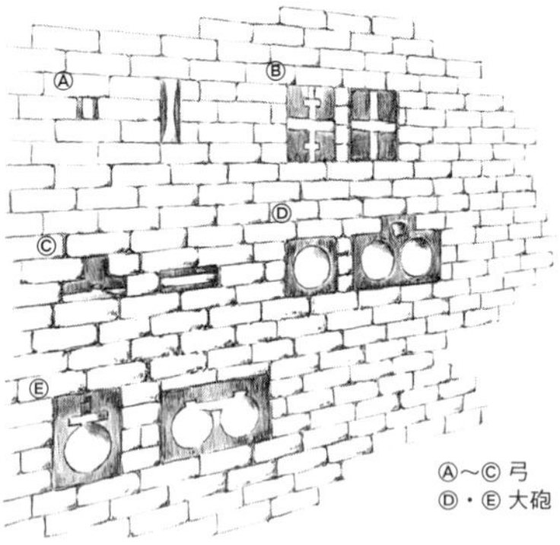

狭間の形状

■石落とし　[Machicolation]

「塔」や城壁の上部から張り出すようにして造られた施設で、「殺人孔」と同じように焼けた砂や油、そして名前の通り、石や瓦礫を落とすのに使われた。

臨時で設けられるものもあり、こちらは「張り出し廊下」[Hoarding]と呼ばれている。

■跳ね橋 [Drawbridge]

「ゲートハウス」などに設けられた木製の引き上げ橋のこと。いくつかのタイプがあり、シーソー式になっているものや、外側の部分を吊り上げることで橋を引き上げるのと同時に、それ自身が防御用の扉になるものがあった。

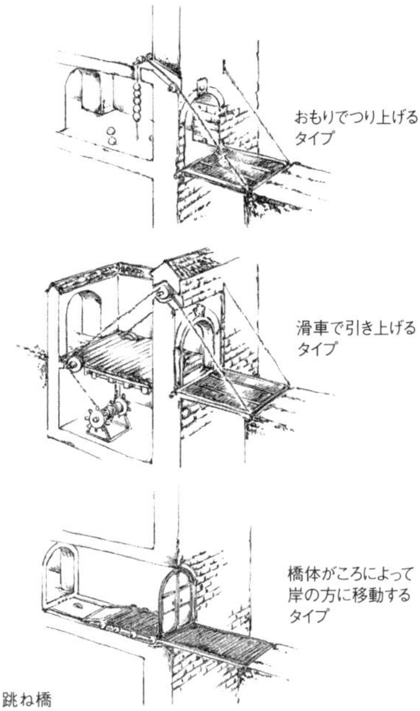

跳ね橋

■稜《りょう》堡《ほ》 [Bastion]

大砲に対抗するべく発展した近代的な防御施設。巨大な堤防や人工的に築いた丘陵を石壁で補強したもので、大砲による射撃を受けても簡単には破壊されないようになっている。

旧来の城壁と違って大砲などの設置も容易であったため、城を守る際の防御拠点としても用いられた。

形式の発展

■山城

<12世紀>

自然の要害を利用して築かれる日本独自の城砦。主に高い山から派生した尾根の頂点を選んで築かれた。防衛施設は、周囲の自然地形を利用して造られているため、特に高度な築城技術を用いなかった初期の城でも非常に堅固なものであった。そのため時代が下って平山城や平城が全盛になっても、重要な軍事拠点として役目を果たしている。居住のための施設は別に設けられていることが多い。

山城

■平山城

<16世紀>

交通の便が良く、国の動脈といえるような丘陵地に建てられた城である。防御施設は山城のように天然の地形に頼るのでなく、丘陵の上に天守や城壁、曲輪を造り、丘陵全体を水濠で囲むようにしていることが多い。城主の家臣や兵士たちが生活するための屋敷なども城内に建てられていた。主に戦国時代後半から近世にかけて増えていき、いくつもの名城を生み出している。

平山城

■平城

<16世紀>

主に平地に建てられた城。平地は交通の便が良く、大きな城を築くこともでき、周囲に城下町を発展させることも容易だった。反面、防衛面で自然の地形を利用できないため、築城技術が急速に発展した戦国末期から近世にかけて多く造られるようになる。平城の多くは領主の館として築かれ、その地方を治める政治的な拠点として利用された。

平城

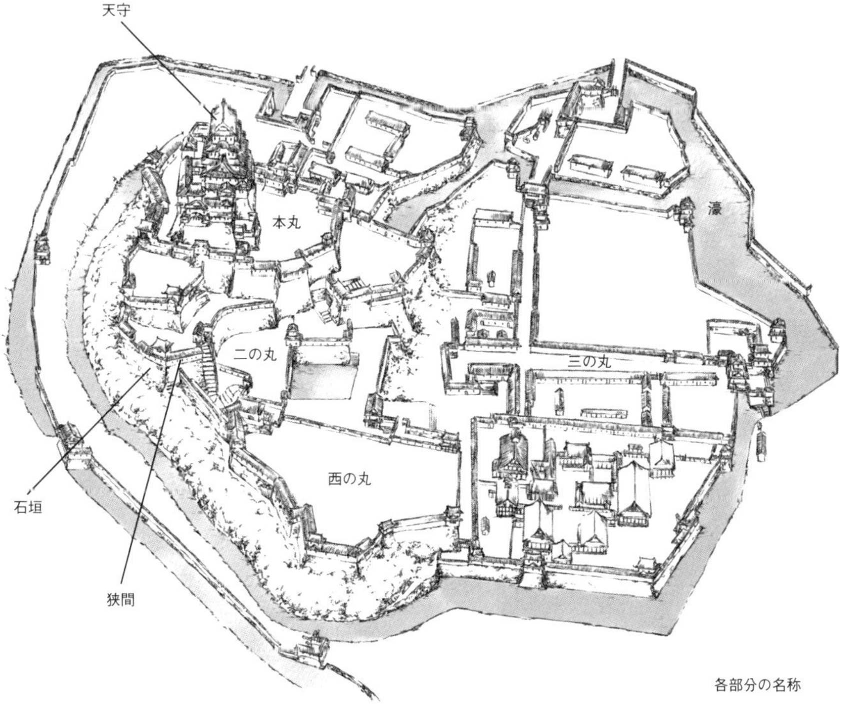

各部分の名称

曲輪《くるわ》（郭）

日本の城は基本的に石垣や土塁《どるい》、あるいは濠《ほり》で囲まれている。曲輪はその1区画のことを指す名称だ。区画が2重以上の場合、主に外の区画を指すのに用いられる。

曲輪には以下のような種類がある。

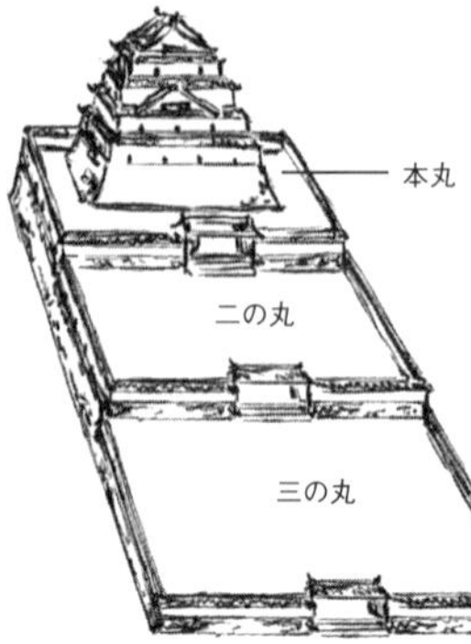

〈連郭式〉

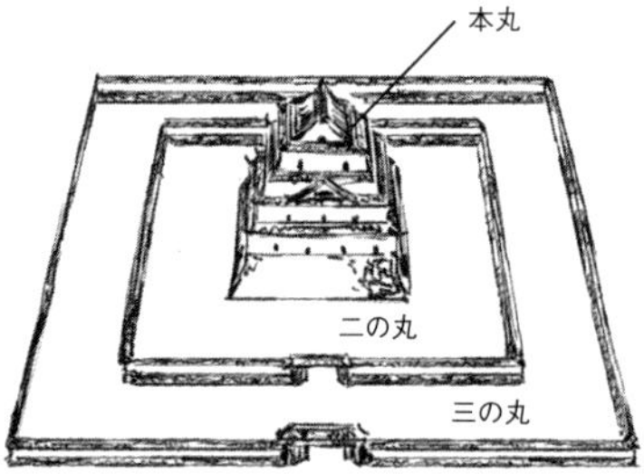

〈輪郭式〉

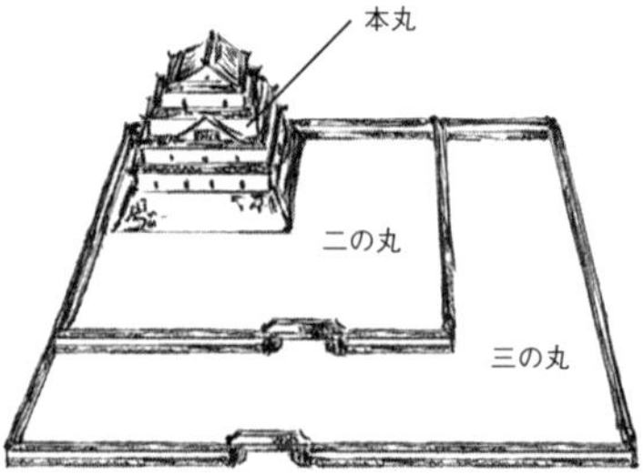

〈梯郭式〉

さまざまな形式を持つ曲輪

○本丸

城の中心となる曲輪が「本丸」である。天守が建てられ、政治をおこなう役所などが置かれていた。戦闘時には司令部が設置される。

○二の丸

本丸の外周を取り囲み、防衛するために使用されたのが「二の丸」だ。普段城主が住む館や親族の屋敷が置かれていた。

○三の丸

主に重鎮たちの屋敷が置かれているのが「三の丸」だ。基本的にこの部分が城の最も外側の部分になる。

○西の丸

城主の父親など一線を退いた人間が住んでいるとされている場所だ。本丸とは少し離れた位置に造られることが多い。

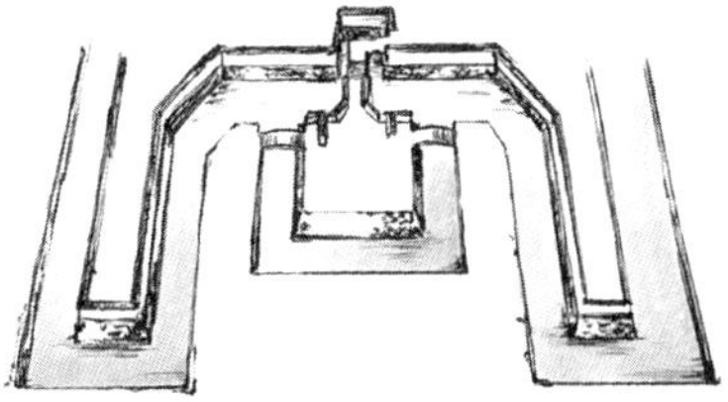
馬出し

○馬出《うまだ》し

門の防御力を高めるためにその外側に築かれた一郭が「馬出し」である。城兵の出入りを確保するための施設としても使用されていた。

○濠、土塁

濠は土を掘った深い溝状の防衛施設で外部からの敵の侵入を防ぐためのものだ。濠にはそのまま使う「空壕」と、水を引き入れた「水濠」がある。

土塁は、濠とは反対に土を盛り上げて内部を防御する設備のことをいう。濠を掘った後の土を再利用して造られることもあった。

薬研堀
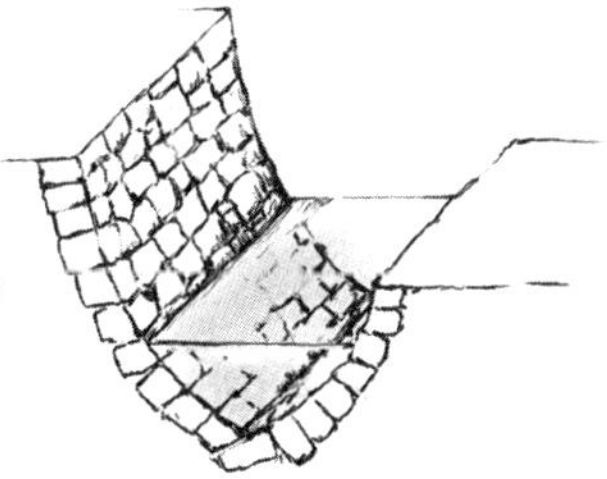

箱堀
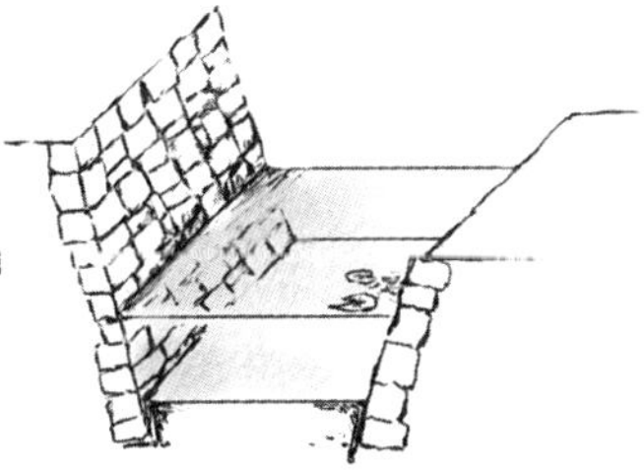

片薬研堀
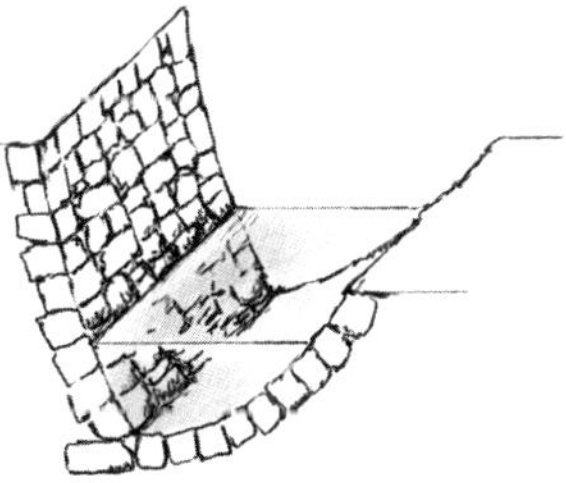

毛抜堀
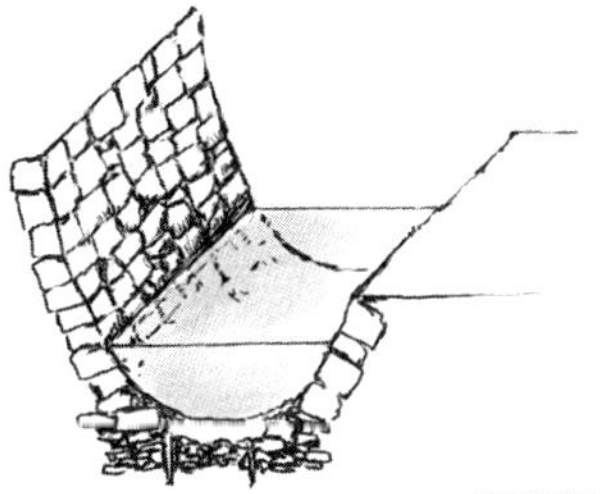

濠の種類

櫓《やぐら》と防御施設

日本の城を構成している建物のことを「櫓」と呼ぶ。土塁や石垣の上に構えられた建物で、天守もこれに含まれる。櫓はさまざまな防御用の施設によって守られていた。

○天守

城の最大の櫓にして中心部になっているのが「天守」だ。有事の際にはここが最終的な防衛施設となった。

○御三階《ごんさんがい》櫓《やぐら》

3階層からなる大きな櫓が「御三階櫓」だ。天守を備えない城などで実質的な天守として用いられることも多かったという。

○長屋

1階層からなる長大な櫓が「長屋」だ。なお、より戦闘防御的な長屋を「多聞櫓《たもんやぐら》」という。

○隅櫓《すみやぐら》

曲輪《くるわ》の角の塁上に築かれているのが「隅櫓」だ。主に見張りのために用いられていた。

○渡櫓《わたりたぐら》

「渡櫓」は隅櫓と隅櫓のあいだに渡された「多聞櫓」のことで、連絡通路にもなっていた。

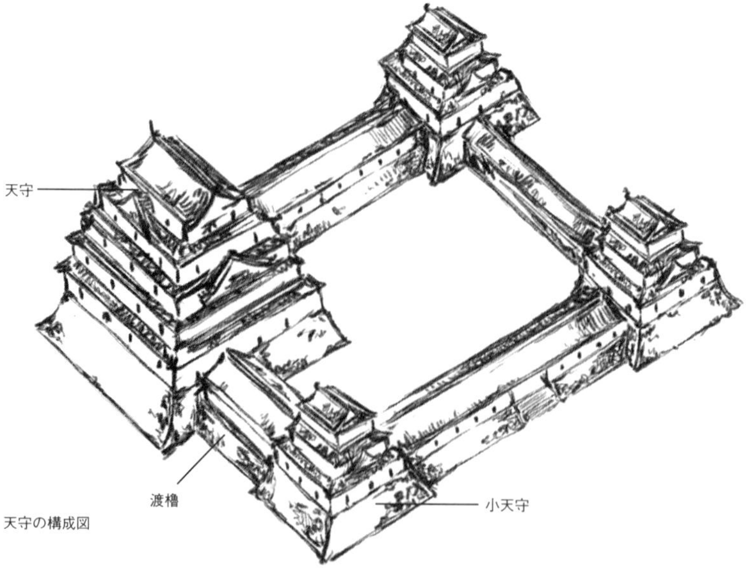

天守の構成図

○塀《へい》、柵《さく》

「塀」は戦闘目的のために塁上に築く建造物のことを指していう。古代・中世には土塀・塗籠《ぬりごめ》塀・板塀が用いられ、近世に入ってから漆喰《しっくい》塀・海鼠《なまこ》塀になった。

「柵」は木材を一列に並べ、通行を妨げる施設のことだ。

○石垣《いしがき》

石垣は防御力を強化するため、土塁の表面に石を積み重ねたものだ。主に城の重要な部分にのみ使用されていた。

石垣には美しく見せるための曲線的勾配が設けられているが、これは敵の侵入を妨げるのにも大きく役に立った。

○狭間《はざま》

「矢窓」とも書く。城の塀や建築物から矢・弾丸を発射したり、槍で突くなどするために設けられた小型の窓のことだ。城内に侵入してきた敵はもちろん、場外の敵に対する攻撃手段として使用された。

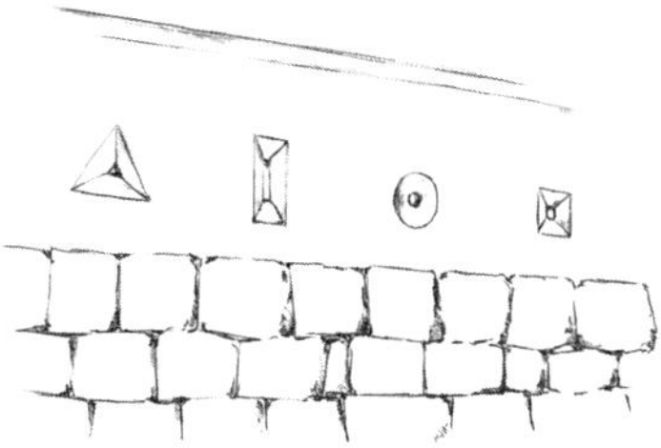

狭間の形状

○石落《いしお》とし

塀や櫓・天守に設けられた、石を落とすための施設だ。壁の一部を張り出させ、下方が見えるようになっている。石を落とすだけではなく、鉄砲や槍などで攻撃することもあった。

窓付き袴腰の石落とし

城門

城門は防御を固めるための出入り口であるとともに、城の威風を示す建造物だ。城の出入り口は「虎口《こぐち》」とも呼ばれていた。元来は「小口」と書いたが、虎が来敵に食いつくような形状をしているところからこの名が用いられている。

城門の名称、形式における分類は以下のようなものだ。

〈名称〉

○大手門《おおてもん》

城の正面に位置する門で、本来は追手門という。敵を追い詰める方向にある門という意味である。

○搦手門《からめてもん》

城の裏口にあたり、戦いのときは押し寄せる敵に裏から回り込んで、はさみ撃ちにするために使われた門だ。名前は「敵を搦め取る」、つまりはさみ撃ちにするところから名づけられている。

〈形式〉

○櫓門《やぐらもん》

石垣にはさまれた城門の上に櫓を渡し、その下に扉を配置したものだ。防御能力が高いので、主要な出入り口に造られることが多かった。

櫓門

○埋門《うずみもん》

土居や石垣の中の隧道《すいどう》（トンネル）に設けられているのがこの埋門だ。緊急事態には埋めてしまうため、この名前がついている。

埋門

○高麗門《こうらいもん》

敵の攻撃によって倒れないように工夫された城門である。上から見るとコの字形になっているのが特徴である。

高麗門

fortification

第2章

城　砦

古代城壁都市

主要分布地域：中東

登場年代：紀元前3500年頃

古代城壁都市は、人類史上において最も初期に現れた城砦である。

この城砦が誕生したのは紀元前4000年～前3100年頃で、はじめは危険な生物や夜盗から町を守るために街の周囲を日干し煉瓦《れんが》の壁で囲んだ単純なものだった。

その後、文明が発達していくと、都市を囲む城壁は焼成煉瓦《しょうせいれんが》によって築かれ、規模もより大きなものになっていく。

中東や地中海のように民族が入り乱れる土地では、特にこの傾向が強かった。なぜなら、他の民族の征服を受ければ、良くて奴隷、悪ければ民族滅亡の危機にさらされたからだ。

また、社会情勢の変化も大きな影響を与えたといえるだろう。強大な権力を持つ王と彼らに率いられた王国の誕生は、人口の多い都を生みだすことになった。こうした要素は労働力と財産の増加を呼び、都市を囲む城壁をより強固なものにしていくことになるのである。

煉瓦で築かれた城壁はより厚く強固に造り替えられた。そして時には石材によって補強されることもあったようだ。そして、城壁を守るために櫓《やぐら》や砦《とりで》なども造られるようになった。

このように古代の人々が民族の力を集結して築き上げた都市は、後年建造されるどのような「城」よりも巨大で、壮麗なものであった。

こうして誕生した古代城壁都市は、古代王朝が力を失い、滅び去っていくまでその威容を誇りつづけていくことになる。

ハットゥシャ

Hattuşaş

建築年代	紀元前1680年頃	所在地	トルコ

鉄の国家ヒッタイトの首都

ハットゥシャ（ハットゥサ）は鉄器と騎馬軍団によって古代オリエントの地を支配したヒッタイト帝国の首都とされる城壁都市である。

ヒッタイトの人々はインド＝ヨーロッパ語族に類される民族で、オリエントには紀元前2000年頃、南ロシア平原から移住した新興の異民族だった。

彼らは優れた鉄の精錬技術と馬を使った戦術を武器に、それまでこの地を治めていたセム族の人々を押しのけ、小アジア半島の中部一帯に一大帝国を打ちたてていく。

その帝国の首都こそがヒッタイト王・ラバルナ1世によって築かれたハットゥシャである。

ハットゥシャは山間を自然の要害として利用して建設された巨大な都で、南北約2.3キロメートル、東西1.3キロメートルにもなる長大な卵型をしていた。

さらに、その周囲は２重の城壁によって囲まれ、５カ所以上の城門と堅固な城砦を備えている。

これらの構造は、単に都市を守るために設けられた防衛施設の役割を越え、軍事施設としての城への第一歩ともいえるものであった。

ヒッタイトの人々は、この都を中心としてエジプトの王朝に匹敵する繁栄を手にしていくのである。

謎に満ちた滅亡

その軍事力を背景に繁栄をつづけるかに見えたヒッタイト帝国だが、その滅亡は不自然なほどあっけないものであった。

紀元前1278年、長く抗争状態にあったエジプトと講和、友好関係に入ったヒッタイト帝国は、紀元前1200年突如侵攻を開始した「海の民（東地中海諸種族の総称）」によって滅ぼされてしまったのである。

堅牢な城壁都市であったハットゥシャの都も略奪を受け、跡形もなく焼き尽くされた。それがどのような規模でおこなわれ、どのような手段が用いられたのかは一切わかっていない。そして、敗れ去ったヒッタイトの人々がどこに去っていったのかも――。

わかっているのは、ハットゥシャの都が異常なまでの高温で焼き尽くされたという事実だけである。

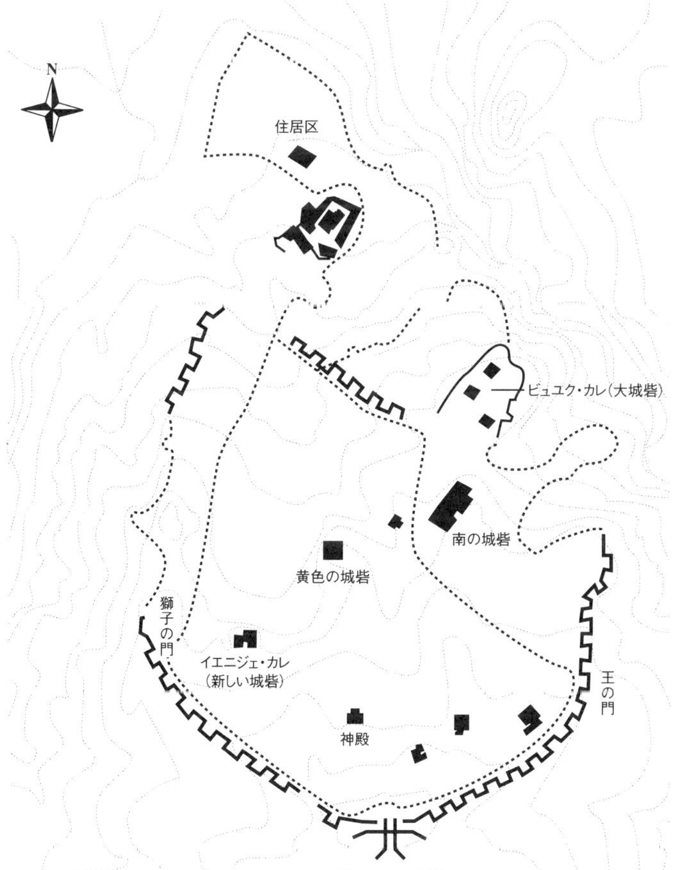

ハットゥシャ平面図

ハットゥシャの設備

ハットゥシャは古代の都市の中でも充実した防衛施設を持っていた。城壁だけでなく、防衛拠点の城砦まで持っていたのである。

■城壁

この巨大な都市は2重の城壁によって囲まれていた。

外側の城壁は小規模で、あまり高くない簡素なものだ。防衛の要となっていたのはその内側にそびえる城壁で、巨大な石材と煉瓦《れんが》によって築かれ、その高さは6メートル以上、厚さはなんと8メートルにもおよんでいる。

さらに、この城壁の要所には間隔を置いて四角い櫓《やぐら》が設けられていた。

■城門

巨大な5つの門によって、ハットゥシャは外界と城内を繋いでいた。

中でも有名な「獅子の門」は城壁の左右を構成する立石に、見事な獅子の上半身像が浮き掘りにされた門だ。さらにハットゥシャは正式な城門だけでなく城壁の下を潜って移動できる潜門を備えていたという。

■城砦

この都市の内部には、城壁以外に最後の防御設備として2つの砦がある。都の東側に築かれているのが「ビュユク・カレ（大城砦）」で、王宮兼防衛施設として用いられていたらしい。また、都の西南部には「イエニジェ・カレ（新しい城砦）」と呼ばれる城砦が築かれ外敵に備えていた。

城門（獅子の門）

ウル

建築年代	紀元前3000年頃
所在地	イラク

ウルはメソポタミアを支配していたシュメール人たちによって築かれた城壁都市である。

南北1.2キロメートル、東西0.7キロメートルに達する巨大な都市部は焼き煉瓦《れんが》の城壁で囲まれ、その中央にはジクラット（ジッグラト）と呼ばれる巨大な塔が立っている。

古代メソポタミアの人々にとって、ジクラットは神聖なる神殿であり、重要な聖域であった。

ウルのジクラットは3層の基部を持ち、その高さは30メートルにも達している。最上部には月の神であるナンナ神を祭る神殿が建てられ、人々の信仰を集めていた。その壮大さは、後にウルの土地を支配するバビロニアや、アケメネス朝ペルシャの王たちも重要視したことからも窺い知ることができる。

しかし、繁栄を誇ったウルもシュメール人たちの滅亡と共に衰退していった。

記録によれば紀元前300年頃までは人が住んでいたらしいが詳細はわかっていない。現在では廃墟と化した遺跡が過去の繁栄の面影を忍ばせるばかりである。

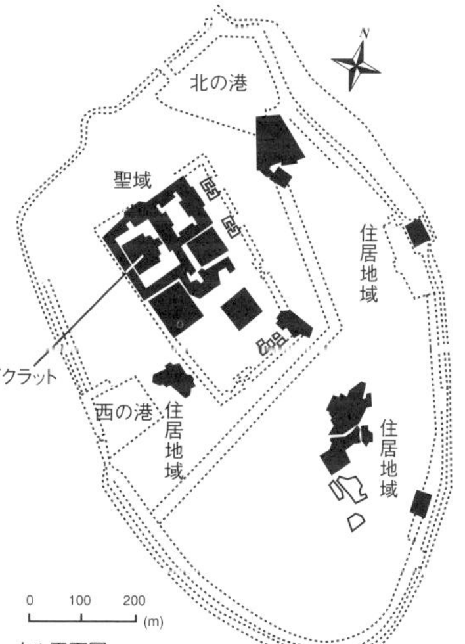

ウル平面図

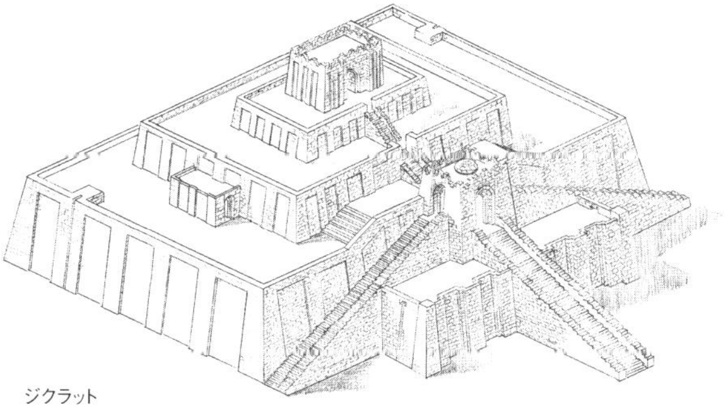
ジクラット

イェリコ

建築年代	紀元前9000年~紀元前2000年頃
所在地	イスラエル

イェリコは、現在発見されている遺跡の中でも最古のものとされている都市遺跡だ。その歴史は紀元前9000年もの昔までさかのぼり、旧約聖書にもその存在が記されている。

アイン・エッ・スルタン（エリシャの泉）と呼ばれるオアシスのもと、肥沃な大地に恵まれていたイェリコは、紀元１万年頃にはすでに定住する人々が現れていたらしい。紀元前8000年から7000年には早くも日干し煉瓦《れんが》によって造られた集落が誕生している。その周囲は高さ６メートル、厚さ２メートルにもおよぶ巨大な石造りの城壁によって囲まれていたという。さらに城壁には高さ8.5メートル、直径10メートルの塔も備えられていた。

その後も幾度となくその住民を変えながら、イェリコは繁栄をつづけていくが、紀元前1560年頃に起きたヒクソス人の侵攻により衰退。紀元前14世紀後半には人の住まない廃墟となっていった。

ところで、旧約聖書「ヨシュア記」第６章によると、イェリコはモーゼの後継者、ヨシュアによって大変ユニークな方法で陥落させられている。

ヨシュアはイェリコを包囲すると神からの助言に従い、イスラエルの民にラッパを吹き鳴らさせ、一斉に大声を上げさせた。するとイェリコを守る堅固な城壁は見る間に崩れ去ってしまったのである。その後、住民はことごとく殺され、イェリコの地には呪いがかけられた。

このエピソードはヒッタイトの侵攻をもとにしているものらしいが、イェリコの衰退を呪いによるものとしているのはおもしろい話である。

アクロポリス

主要分布地域：ギリシャ・エーゲ海
登場年代：紀元前1600年頃

アクロポリスは、ギリシャ人を含むエーゲ海の人々の手によって造り上げられた、ヨーロッパで最も古い城砦である。

当時のヨーロッパは早くから文明が発達したオリエントなどとくらべると、はるかに遅れた技術しか持ち合わせていなかった。エーゲ海の人々も同様で、文化や美術を愛するよりも闘争を好む蛮族であったといえる。

そんな彼らが、後にヨーロッパの人々に敬愛されることになるギリシャの文化を生み出したのは、オリエントと交流を持ちはじめてからのことだ。優れた文化を目にした彼らは、猛然とそれらを吸収し自分たちのものとしていった。

まず、エーゲ文明とも呼べる文化が誕生し、クレタ島などに壮大な宮殿が造られ、次いでミュケーネでも華麗な文化が花開いていく。

そして、それらの文化を吸収し昇華させたギリシャの文化が誕生していくのである。

彼らエーゲ海の人々が築き上げた城砦は、古代城壁都市と同じように、周囲に城壁を備えた都市と王の住む宮殿と聖域からなり、防衛のため山頂や丘陵地などの起伏の多い要害の地に建てられていることが多かった。建材には木材、石材、日干し煉瓦《れんが》などが混用して使われ、建物を美しく飾っていたという。

こうして築かれた城砦はアクロポリス(高き市)と呼ばれ、当時の政治的、宗教的な中心地となっていったのである。

城砦の中心となる宮殿は、まるで迷宮のように入り組んだ造りで、巧みな壁画や華麗な彫刻が施されている。宮殿自体も十分な防壁を備えていた。さらに、水の豊かな地方では浴場が備えられていることもあったという。

アクロポリス

ミュケナイ

Mycenae

建築年代	紀元前1450年頃	所在地	ギリシャ

黄金の都

ミュケナイのアクロポリスは、古代地中海民族の1つ、アカイア人たちが生み出したミュケナイ文化の中心となっていた城砦である。

南北250メートル、東西400メートルの不等辺三角形をした城砦は、巨大な石材を組み上げた城壁によって守られ、中心部には城砦の中枢となる宮殿がそびえていた。また、城壁に設けられた城門も厳重な防護が施され、宮殿への道を閉ざしている。

伝説によれば、ミュケナイは「王の中の王」と呼ばれた武人王アガメムノンによって統治され、都市は黄金に満ちあふれていたという。

この城砦が土の中から発見されたのは1876年のことである。発見者はトロイヤの遺跡を発掘したことで知られるドイツ人考古学者、ハインリッヒ・シュリーマンである。彼は、2匹の獅子の文様が刻まれた「獅子門」の内側から竪穴式の王墓を発見し、そこから黄金の装飾や貴重な副葬品を大量に発掘することに成功した。

以来、発掘調査がおこなわれて、さまざまな建築物や遺構が発掘された。現在では、ミュケナイ大半の遺構の発掘を終え、その歴史に詳しい考察が成されるようになっている。その結果わかったのは、ミュケナイの人々はオリエントからローマまで幅広い範囲に勢力を伸ばしていた民族だという事実であった。

滅亡の炎

富や黄金に囲まれ、永遠の繁栄をつづけるかに見えたミュケナイは紀元前1200年頃にこつ然と姿を消している。

ミュケナイの人々がどのような悲運にあったのか、詳しいことは現在に至るまでわかっていない。わかっているのは、北方からの外敵の脅威にさらされていたということだけである。

ミュケナイの人々は、自分たちが治めるほかのアクロポリスにも十分な武装を施すように通達した後、その都市もろとも猛火に包まれ歴史上から姿を消した。

一説によれば彼らを滅ぼしたのは、古代城壁都市ハットゥシャ(P28)を滅ぼした「海の民」ではないかといわれている。

事実はどうであるにしろ、彼らは滅び去り、その文化は後に台頭するギリシャ人によって受け継がれていった。

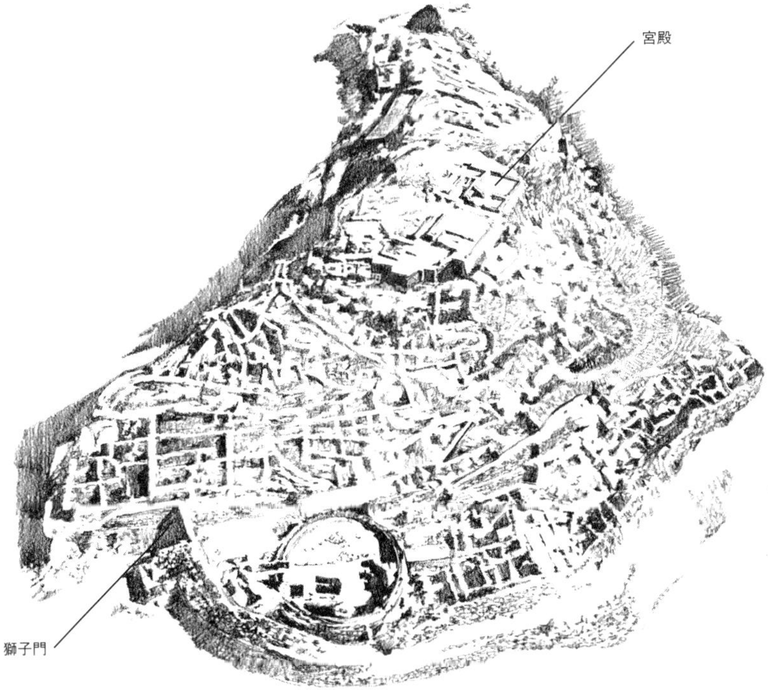

ミュケナイ全景

ミュケナイの設備

ミュケナイの遺跡には長いあいだ地面に埋もれていたにもかかわらず、ざまざまな施設が残されている。以下に紹介するのは、それらの施設の中でもミュケナイを城砦たらしめている重要なものだ。

■城壁

ミュケナイの城壁は平たい巨石を巧みに積み上げげたものだ。

しかし、その石はすべて水平に積み上げられているため、衝撃には意外と弱かったと思われる。

これらの城壁には正門である「獅子門」と「裏門」、そして緊急時のための「隠し門」などが設けられていた。

■城門

城門は分厚い巨石で守られ、きわめて堅固な造りとなっていた。この城門の中で最も有名なのが正門である通称「獅子門」である。

「獅子門」はその名の通りその頂点に2対の獅子、もしくはグリフォン（獅子の胴体にワシの頭と翼を持ったモンスター）と、下すぼまりの円柱が描かれたレリーフがはめ込まれた門だ。また、円柱のレリーフとは対称的に、門の通路自体は上に向かってすぼまっていく形をとっている。

円柱と門の通路に使われている様式はエーゲ海特有のもので、クノッソスの宮殿やギリシャの神殿建築にも用いられていた。

■宮殿

ミュケナイの中心である宮殿は、メガロンと呼ばれるポーチ付きの１室住居を中心として成り立っている。

メガロンは王の間として使用され、13×12メートルのほぼ正方形をした室内の中央に炉《ろ》、周囲には４本の木製の柱が設けられていた。

また、メガロンの前面には広間と玄関が並び、その向こう側には中庭が広がっている。この様式もまたエーゲ海近辺でよく用いられたものだ。

この王宮からの視野はきわめて広いため、どこから敵が来ても見逃すことはなかったと思われる。

■井戸

山地や丘陵地に築かれた城砦にとって、飲料水を確保するための井戸は非常に重要な施設であるといえる。

ミュケナイの井戸は紀元前1200年頃におこなわれた拡張工事によって造られたと考えられている。この井戸は城壁の基盤から伸びる地下道に造られた非常に珍しいもので、現在でも清らかな水をたたえているという。

ミュケナイの獅子門

ティリュンス

Tiryns

建築年代	紀元前1400年頃
所在地	ギリシャ

ミュケナイの人々が築き上げた都市の1つティリュンスは、ナーフプリオン港にほど近い、小さな丘陵の上に築かれた城砦だ。

総面積1万6000平方メートルの城は、高さ6メートル、厚さ6メートルにおよぶ分厚い壁に囲まれ、いくつもの関門や櫓《やぐら》状の小部屋が並び、敵の侵入を防ぐようになっている。石灰岩で造られた城壁はまるでカタツムリの殻のような螺旋《らせん》形に配置されていたため、城砦の中央に設けられた宮殿にたどりつくことは困難だった。

城の中心であるメガロンを用いた宮殿は、日干し煉瓦《れんが》によって築かれ、中央には中庭と祭壇が設けられている。この時代の宮殿は、神に祈りを捧げる祭祀の中心地でもあったためだ。

ティリュンスの城壁は当時の人々からするとあまりにも巨大であったらしく、ギリシャ神話に登場する一つ目巨人のキュクロプスによって築かれたという伝説が残されていて、城壁は「キュクロプスの城壁」と呼び習わされていた。

アテナイ
Athens

建築年代	紀元前480年頃
所在地	ギリシャ

アテナイのアクロポリスは、古代ギリシャにおいて無数に存在した都市国家ポリスの中でも特に有力なアテナイの宗教的中心地であった。

当時のギリシャは民主制の政治が営まれており、アクロポリスには宮殿が存在していない。その代わり、神を称えるための神殿を中心として建築がなされている。

アテナイの守護女神アテナを祭ったパルテノン神殿の美しさは、皆さんよくご存知のことだと思われる。もっとも、当時のパルテノン神殿は現在知られている大理石そのままの白く清楚な姿ではなく、極彩色に塗られた豪奢なものだったという。

アクロポリスの周囲には市民が住むための市街地が築かれており、これらの建物もアクロポリスと同じように堅固な城壁によって守られていた。城壁は、時の権力者たちによって増設を繰り返されており、それぞれにテミストクレスの城壁や、ハドリアヌスの城壁といった名称が与えられている。さらに、市街地には城壁を守るための砦や、市街地と港をつなぐ長城が設けられていた。

しかし施設の大半は、破壊されたり風化してしまっていて、現在までその姿をとどめているものはごくわずかである。

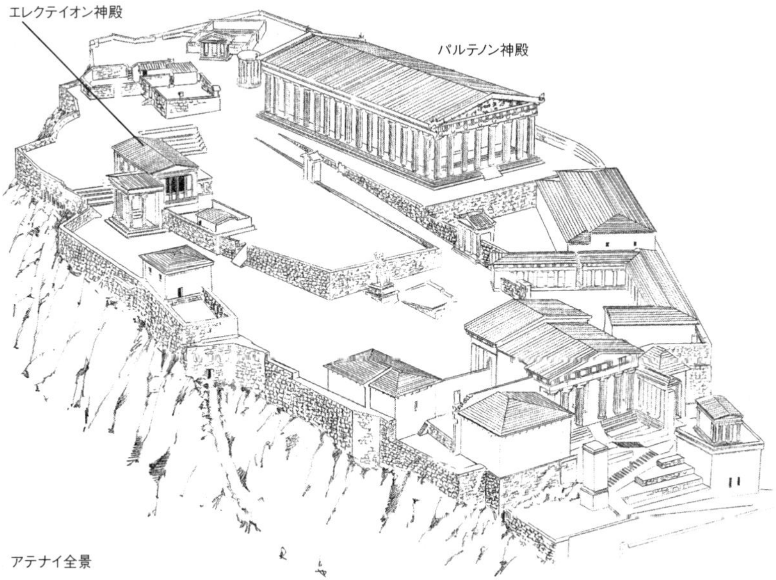

アテナイ全景

column:

放棄された城の末路

長い歴史の中で、城が陥落したり放棄されることはよくあった話である。

ところで、これらの城はその後どうなっていったのだろうか？

たいていの城は、利用価値さえあれば新しい支配者の手で再建され、新たな軍事拠点として利用されることになった。しかし、城を治めるべき君主が絶えてしまったり、利用価値がないものとして放棄された場合は話が違ってくる。これらの城は、苔《こけ》むし、朽ち果てるに任せ、放置されていった。

しかし、そのような場合でもまだ幸運なほうだといえるだろう。

なぜなら、市街地に近い場所にある廃城は、その姿さえ後世に伝えることを許されなかったからである。多くの城砦は、膨大な量の石材や煉瓦《れんが》、木材などで造られている。これらの物資は、金品を求める者にとってはガラクタでしかなくても、建築資材としては非常に有用なものであった。これに目をつけた人々は、廃城から石材や煉瓦を盗み出し、新たな家や建物を造るための材料にしてしまったのである。

この行為は、時に地元の権力者によって大規模におこなわれることもあり、中には城１つをまるまる壊して別の城を築くための建材として使ってしまったこともあったという。

建築資材としてその身を削られていった城砦は、せいぜい濠やモット（盛り土の丘）を残すことしかできなかった。

城塞都市

主要分布地域：ヨーロッパ全域
登場年代：紀元前１世紀～

ローマの築城技術は、支配地域であるオリエントから取り入れた築城技術をギリシャの建築様式に組み入れたうえで、改良を加えたものである。

都市の周囲に城壁をめぐらし出入り口には城門がつくられ、その左右には防御用の塔が設けられていた。また、防御的に弱く、かつ狙われやすい屈折した個所には櫓《やぐら》が設けられ敵の襲撃に備えている。中心には軍事的・政治的に必要な建築物のほか、闘技場や劇場が建てられることも多かった。さらに、軍事用の道路を整備することにも力を入れていたようだ。

街区は、自然発生的に発達した都市の場合は不整合なものが多く、新たに開拓した領地や軍事的に重要な地域に新設された都市の場合は整然とした矩《く》形《けい》（長方形）型がほとんどである。

建材は石材・煉《れん》瓦《が》・コンクリートが併用されていた。石や煉瓦で築いた2重壁そのものを型枠とし、天然セメントと消石灰《しょうせっかい》を接着剤とした硬練りのモルタルを充填しては石ころ・煉瓦屑《くず》などの骨材《こつざい》を押し込むという方法を繰り返し、きわめて弾性に富んだコンクリート壁を築いていたのである。

アオスタ

Aosta

建築年代	紀元前3世紀	所在地	イタリア

城塞都市アウガスタ・プレトリア

アオスタは、紀元前25年にローマ帝国の初代皇帝アウグストゥス（在位前27〜後14年）によってアルプスの最高峰モンブランの麓《ふもと》に建設されたアウガスタ・プレトリアを前身として建築された城塞都市である。

アオスタはもともと軍隊の宿営地として開かれ、退役した親衛隊を定住させた都市が発展したものだった。

ローマ人によって築かれた典型的な矩形《くけい》（長方形）型をした都市で、市街は162×130メートルほどが１つの街区で、計16の街区によって構成されている。この大きさは紀元前に造営された都市としては最大級のものに属しているといえるだろう。

中心を東西に走るデクマヌス大通りは、その両端に城門が開いており東のプレトリア門が正城門とされている。城門は各辺ごとに１つしか開かれていないため、合計４門しかない。城門を持たない各大路の末端と城壁の四隅には12棟の角塔が設けられている。さらに、市街には寺院や倉庫、公共浴場、劇場、闘技場などの施設もあった。

古代ローマの街並みを伝える都市

現在のアオスタは冬のスポーツの中心地として発展している。

人口が増加し、ローマ時代に築造された城壁内の都市では収容しきれなくなったため、現在の街は大きく城外に広がっているという。したがってローマ時代の城壁や城門はかなり損なわれたが、それでもいくつかの遺構はそのまま残されている。また、アウガスタ・プレトリアの街区の区分が変更されることなく残っているため、現在のアオスタの地図とアウガスタ・プレトリアの地図を重ねてみるとぴたりと重なるのだそうだ。

そのため、この街はローマの城塞都市の特徴を現代に伝える貴重な都市として扱われている。

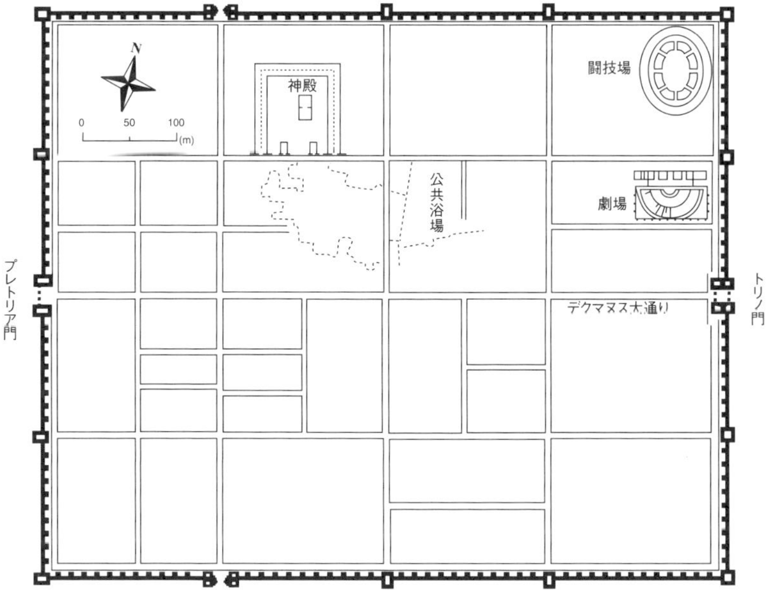

アオスタ地図

アオスタの設備

アオスタの都市計画は長いあいだに大きく変更されることもなく、今日にまでその街並みを伝えている。しかし、防衛施設に関しては都市の拡張によりその一部を残すのみとなってしまった。

■プレトリア門

簡単な造りの石造アーチ門で、現在まで昔のままの姿で残されている唯一の門である。プレトリア門の建造年代は紀元前1世紀とされ、12メートルほど離れて平行に並ぶ2重のアーチ門から構成される。

■ブラマハム塔

アオスタの南門近くの城壁に接して建てられたブラマハム塔は、12世紀にアオスタの子爵となった貴族の邸宅に付随するものである。ほぼ四角形の敷地は大変広く、31メートル四方にもおよぶ。円塔の頂上には胸壁が設けられ、壁面には矢《や》狭《はざ》間《ま》があけられているところから天守としての意味合いを持っていたものと思われる。

■アウグストゥスの凱旋門

東門の手前に立つ記念門。紀元前23年に建造されたこの門は、アオスタを建造したアウグストゥス帝に捧げられたものである。

プレトリア門

ポーチェスター
Porchester

建築年代	3世紀
所在地	イギリス

3世紀にローマ人の手によって築かれた城塞都市である。

都市の全景は整然とした方形に近い矩《く》形《けい》（長方形）で、ローマ人が好んだ矩形都市の好標本といえるだろう。ポーチェスターという名前はローマ時代の名称ポルトス・カストラに由来している。武装した港町という意味だ。

現在でも全周をローマ時代以来の城壁で囲まれており、その城壁は一部が中世に造り替えられた以外はローマ時代のものである。

もっとも城壁の中は、12世紀後半にプランタジネット家のイギリス王・ヘンリ2世（在位1154～89年）によって、キープ（天守）を中心とした城砦へと造り替えられ、さらに14世紀にはリチャード2世により、いっそうの拡張整備がなされた。

ポーチェスターの大きな特徴は、ローマ時代から1000年以上の長きにわたって軍事基地として利用されてきたにもかかわらず、その遺構がほとんど無傷で残っている点にある。百年戦争の際にはイギリス王ヘンリ5世（在位1413～22年）がこの都市を前線基地にしていたという記録もあるから、よほど幸運だったか、恐ろしく堅固な城塞であったかのどちらかであろう。

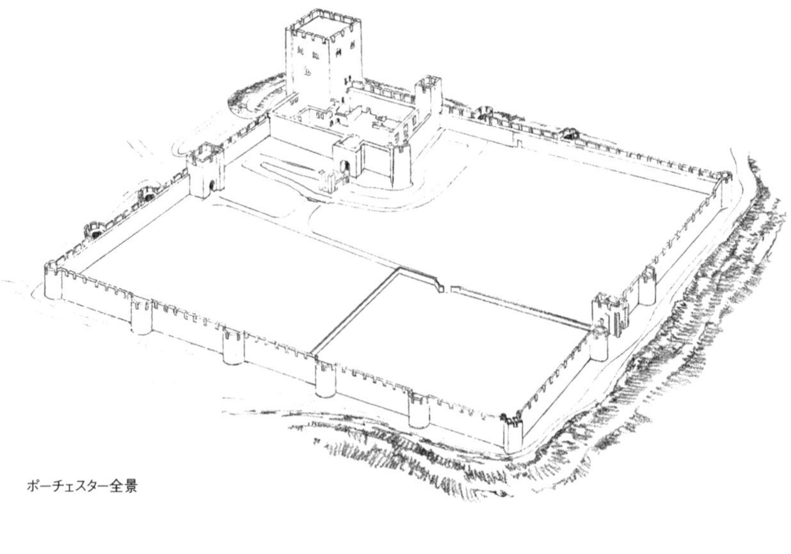

ポーチェスター全景

ポンペイ
Pompei

建築年代	紀元前1世紀
所在地	イタリア

火山灰の中から発見されたことで有名なポンペイは、紀元前8世紀頃からの歴史を持つ豊かな町であった。最初にポンペイを創建したのはイタリアの民族の1つであるオスキ人であったが、紀元前5世紀以降は、同じくイタリア民族の1つであるサムニウム人の治める都市となっている。紀元前1世紀にようやくローマ帝国に編入され、それ以降はローマの貴族たちの別荘が建てられるなどしてローマ的な都市に生まれ変わった。

発掘された都市の全景はほぼ卵型で、長径約1.26キロメートル、短経約0.75キロメートルほどの大きさである。全周に城壁がめぐらされており、8個の城門が開かれていた。

繁栄を極めたポンペイは、79年に起きたベスビオ火山の噴火によってすべてが火山灰の中に飲み込まれてしまう。再び歴史の表舞台に顔を覗かせたのは1592年。ポンペイの上を横切る形で運河がひかれた際に、当時の建物と絵画が発見されたのである。もっともこのときは本格的な発掘はおこなわれていない。1748年になると、当時イタリアを支配していたフランスのブルボン朝が独占事業としてポンペイを発掘した。しかし、それは発掘調査というよりも美術品の盗掘とでもいうべきやり方で、学術的な調査はほとんどされることもなく、美術品だけが王宮へと運ばれていったのである。

本格的な学術調査は、1861年、イタリア統一後にイタリア国王ヴィクトル・エマヌエル2世が、考古学者ジュゼッペ・フィオレルリを発掘指揮者に任命しておこなって以降のことだ。この後の調査によって、ようやくポンペイは歴史の表舞台に戻ることができたのである。

column:

ローマ以降の城塞都市

オリエントからギリシャ・ローマにかけて発展していった城塞都市の建築技術は、5世紀から9世紀にかけてヨーロッパまで伝わることはなく、廃れていくばかりであった。

当時、ヨーロッパに住んでいたゲルマン人やケルト人たちには、古代に造られた巨大な武装都市を築くだけの余裕もなかったし、必要もなかったのである。彼らは簡単な砦や、人工的に築かれた聖地オピドゥムをつくりはしたものの、過去の時代の偉大な建築物に匹敵するようなものを建てることはなかった。

ヨーロッパ圏にノルマン人が台頭すると、彼ら独自の技術による「城」が築かれるようになったが、これらの建物はどちらかといえば軍事拠点兼王宮として使われていたものである。

しかし、都市全体を城壁で覆いこむ形式の城砦は消え去ったわけではなかった。むしろ、中世の動乱期においては盛んに用いられていったのである。なにしろ当時のヨーロッパはさまざまな国がひしめき合い、互いの領土の富や土地を狙っていたのだ。その様子は、さながら古代のオリエントの状況そのもの、あるいはより過激で陰惨なものだったといえるだろう。

パリのように王国の首都や重要な貴族の住む地方の都市であれば、権力者自らが城壁を設け都市を覆ったが、民衆が自治権を持つような都市ではそうはいかない。しかし、この場合でも民衆自身が自分たちを守るために城壁を築いたという。

以上のような経緯から、当時のヨーロッパの主要都市はそのほとんどが城壁で囲まれた城塞都市としての機能を備えていた。

ヨーロッパで用いられた城塞都市は、主にローマ帝国が残した城壁をもとにして築かれ、その多くは増改築を繰り返し、ローマ時代のものより優れた防御能力を誇っていたという。

ちなみに、神聖ローマ帝国の所領であったドイツから東欧にかけては現在でも多くの城塞都市がその姿を残している。そして、それらの都市の名前にはドイツ語で城砦を意味する「ブルク」という単語がつけられている。つまり、マルクスブルクやザルツブルクといった都市は、中世の頃には城壁に囲まれた城塞都市だったのである。

モット・アンド・ベリー形式

主要分布地域：イギリス／ノルマン地方
登場年代：11世紀前半

モット・アンド・ベリー形式に分類される城は、主にヨーロッパに住むノルマン人たちによって築かれた古い形式の城砦である。この城砦は、それまでの城塞都市や砦《とりで》といった存在とは違い、領主たちが自らの領土を支配する拠点としての「城」であった。

モット・アンド・ベリー形式の特徴は、「モット」と呼ばれる人工的に造られた6～12メートルほどの盛り土の丘と、その麓《ふもと》につくられた「ベリー」という円形の前庭である。

外見としては、柵《さく》と濠《ほり》で囲まれた居住区の背後に、木製の塔が立った丘がそびえたっているというのが一般的だった。

モットの周囲には、先端を鋭く尖らせた木製の柵が設けられている。柵の中には木製の塔、キープ（天守）が建てられており、十分な大きさがある場合は領主の館として、そうでない場合は見張り塔として使用されていた。

前庭であるベリーには、台所、礼拝堂、武器庫、馬小屋、家畜小屋、製粉所、醸造所、城の住人たちの住む館が設けられており、その周囲を頑丈《がんじょう》な木の柵と濠が取り囲んでいる。一般的な生活の場であると共に、有事の際には外敵の丘への侵入を防ぐ前線基地の役割を担っていた。

ベリーからキープに行くための通行手段は木製の連絡橋のみである。前庭を突破された際には、連絡橋を破壊して敵の侵入を防ぐことができた。

モット・アンド・ベリー形式

ウォーリック城

Warwick Castle

建築年代	11世紀	所在地	イギリス

征服王の城

ウォーリック城は、征服王と呼ばれるウィリアム１世（在位1066〜87年）によって、イギリス統治の要として築かれた城の１つである。

ノルマン公国（現在のフランス北西部）の王であったウィリアムは、時のイングランド王エドワードが嫡子をもうけぬままに没したことに目をつけ、1066年、わずかな婚姻関係を口実にイングランドへの進行を開始した。当時は、このような形での侵略行為は日常茶飯事で、数々の豪族が野心を満たすために闘争を繰り広げていた時代だった。エドワードの正式な後継者であるハロルド２世を下したウィリアムは、イングランドを征服してノルマン朝を成立させる。

しかし、本来異民族であるノルマン人がイングランドを統治するには、先住民の抵抗や反乱から身の安全を図る必要があった。そのためウィリアムは、イングランド各地の要所に城砦を築かせている。

これらは、モット・アンド・ベリー形式と呼ばれる城砦で、人工的な丘の上に築かれた木製の城だった。

ウォーリック城もそれらの城の１つで、イギリス北西部を流れるエイヴォン川中流域にあった古代人の城砦跡地に建設されている。

建設当初は木製の城壁と天守を備えた城だったが、12世紀頃に石造りの建物に改修された。その後も、他のイギリスの城砦と同じように改修を繰り返され、当時の面影を残すのは一部の城壁のみになっている。

華麗なる城主たち

ウォーリック城は、多くの高名な貴族が城主になったことでも知られている。

中でも13世紀の城主、リチャード・ビーチャム伯爵は百年戦争における英雄的少女、ジャンヌ・ダルクの処刑責任者として有名である。

また16世紀には、ばら戦争の頃にヘンリ６世およびエドワード４世を王位に就任させ、さらに引きずり下ろしたことで有名な「キングメーカー」、リチャード・ネヴィル伯爵がこの城の主を務めていた。

さまざまな城主を持った歴史からか現在は観光地としても有名で、手入れの行き届いた庭園があるほか、拷問室などの施設を再現した蝋《ろう》人形館まで営まれている。

エイヴォン川から見たウォーリック城

ウォーリック城の設備

ウォーリック城は、ロンドンから西北西に約130キロメートル、ウォーリックの町の南側、エイヴォン川を見下ろす位置に築かれた城である。

現在残っている代表的な施設は以下の通りだ。

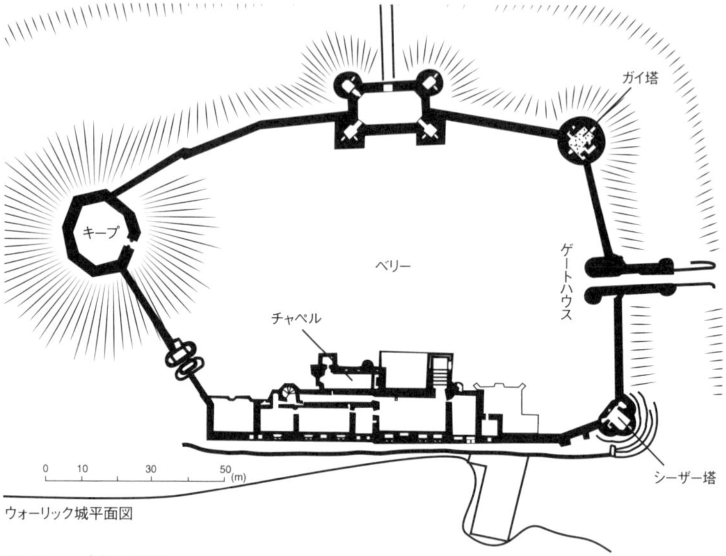

ウォーリック城平面図

■キープ（天守）

モット・アンド・ベリー形式として築かれたこの城は、モットと呼ばれる盛り土の丘と、ベリーという大きな前庭を持っている。キープは、このモットの上に建てられた防衛用の建物で、俗に天守と呼ばれる施設だ。

建設当初のウォーリック城は木製のキープを備えていたが、12世紀に石造りのものへと改修された。しかし、そのキープも現在では大半が遺失、前庭に面した壁の一部が原型をとどめるのみとなっている。

■ベリー（前庭）

キープの東側に広がるベリーは、外側を空壕と東南を流れるエイヴォン川によって囲まれ、その内側は城壁によって守られている。

また城壁には、防衛施設としてガイ塔とシーザー塔を含む３つの塔と、２つの城門が設けられ敵対者に備えていた。

■ゲートハウス

城の弱点ともなる門を守るために14世紀の改修時に建てられた施設。

ウォーリック城の正門として機能し、敵の侵入を最小限に止められるように、細長い通路のような造りになっている。さらに、出入り口となる門の部分には、衛兵が駐留するための塔が備え付けられていた。

ベリーから見たゲートハウス

■シーザー塔

ベリーの正面右側、ゲートハウスを守るように建てられているのがシーザー塔だ。14世紀に建てられたこの塔は、上から見るとハート型のユニークな形状をしている。

5階層からなっているこの塔は、牢《ろう》獄《ごく》や弾薬庫として用いられていた。

シーザー塔外観

■ガイ塔

ベリーの正面左側に位置する塔で、シーザー塔と共にゲートハウスの両脇を守るようにして建てられている。12角形の断面を持ち、内部には各階ごとに寝室が設けられていた。

シーザー塔断面図

ヨーク城
York Castle

建築年代	11世紀
所在地	イギリス

ヨーク城は13世紀の半ばに、時のイングランド王ヘンリ3世（在位1216～72年）によって築かれた城である。その原型は、征服王ウィリアム1世（在位1066～87年）がオース河の三角州に築いた城であり、木製の天守を備えた典型的なモット・アンド・ベリー形式であった。

しかし、この城は1190年に起きたユダヤ人の暴動と、虐殺による騒乱で焼失してしまう。その後、ヨーク城はより進んだ形式のレクタンギュラー・キープ形式の城砦に造り替えられ、17世紀まで軍事拠点としての役割を果たすことになった。

現在ヨーク城で見ることができる建築物は、「クリフォード・タワー」と呼ばれる天守部分のみである。上から見ると四つ葉のクローバーのような形状をしたこの建物は、石造2階建て、2.7メートルにもおよぶ分厚い壁を備えた建造物だ。

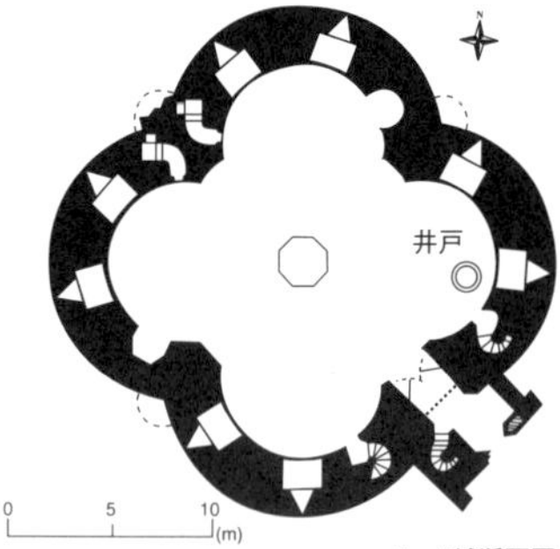

ヨーク城断面図

その堅固さは長い時代を経た後も健在だったらしく、18世紀にはこの地に建設された裁判所と刑務所の牢獄《ろうごく》として使用されている。外敵から身を守るための城砦が、その内側にいる囚人を逃がさぬために使われるというのはなんとも皮肉な話だ。もっとも、このような話はこの城に限ったことではなくロンドン塔（P66）など多数の城でおこなわれていたという。

なお、現在ヨーク城は博物館として観光の名所となっている。

ヨーク城外観

ルーイス城
Lewes Castle

建築年代	11世紀
所在地	イギリス

ルーイス城はウォーリック城と同じく、ウィリアム１世（在位1066～87年）によって建築された城の１つだが、むしろ13世紀に起きたシモン・ド・モンフォールの乱の重要な舞台になったことのほうが有名だろう。

13世紀のイギリス王、ヘンリー３世（在位1216～72年）は外国人の重用、さまざまな賦役《ふえき》など数々の重圧を貴族たちに与えていた。この行為は彼らの反発を招き、ついには貴族たちの造反にまで発展してしまう。造反した貴族たちはヘンリー３世にオクスフォード条項を突きつけた。しかし、ヘンリー３世は一時的に条項を受け入れたものの、教皇に取り入りこの条項を無効にしてしまう。これに怒った貴族たちはシモン・ド・モンフォールを中心に兵を集め、この城があるルーイス地方で彼を捕らえたのである。捕らえられたヘンリー３世は、条項の厳守を約束させられたという。

1067年の建築当初ルーイス城は、一対のモットとベリーを備えた城として建築されていた。しかしその後、12世紀の改修で新たなモットとゲートハウスが増設され、２つのモットを持つという一風変わった城砦になっている。さらに14世紀には新しいモットにもキープが建てられ、より高い防衛力を持つに至った。

これらの施設は現存しており、観光に訪れる人々を中世のロマンへと誘《いざな》っている。

column:

城主以外の住人たち

中世ヨーロッパの城には、城主たる貴族以外にもたくさんの人々が暮らしその生活を支えていた。

主な住人は、城主たちの一般的な生活の面倒をみる召使い、城を守る戦力となる兵士やそれを統率する騎士、城主の仕事を補佐する執事や代官である。

この他にも、城の機能を支えるために必要な職人たちも雇われていた。城の施設が壊れたら左官屋や大工の出番であるし、兵士たちの武具を作るのは鍛冶屋や武具屋の仕事だ。衣類や靴を作ってくれる仕立屋や職人、夜間の照明を得るためにはろうそく職人も雇っておく必要があった。

財政的に豊かな城主は、これらの人々の他に道化師や吟遊詩人を雇い入れていることも多かったようだ。彼らは祝いの席や客人をもてなす際にその芸を披露し、城内の人々を大いに楽しませた。

最後にまったく不名誉な存在であるものの、囚人もまた城の住人の１人である。もっとも、捕えられていたのは罪人ばかりというわけではなく、戦争に負けて捕虜になった敵国人であることのほうが多かった。これらの囚人たちは、身代金が支払われるまで城の牢《ろう》獄《ごく》に監禁されて暮らすのである。

シェル・キープ形式

主要分布地域：イギリス／ノルマン地方
登場年代：12世紀後半

シェル・キープ形式に属する城は、通常モット・アンド・ベリー形式から発展したものだといわれている。

基本的には、モット・アンド・ベリー形式と同じような造りになっていて、人工的、もしくは十分な広さを持った丘陵地に建てられた石造りのキープ（天守）を備えていた。
このキープこそがシェル・キープ形式の最大の特徴で、それまでのモット・アンド・ベリー形式との大きな違いとなっている。
キープは、石で築かれた円筒形の壁を中心とした建物で、壁の内周にそって衛兵詰め所や寝室などが設けられていた。さらに、それらの施設に囲まれるようにして円形の中庭が造られている。
この中空になったキープ（天守）が、ちょうど貝殻（シェル）のように見えることがこの形式の語源となっているのだ。
なお、この形式の城は石造りの城が発展していく過渡期に誕生した城であるため、基本的な特徴を除けば、非常に多用な形状を備えていることが多い。
例えば、ある城はキープが八角形をしていたり、またある城はクローバ形をしていたりするのである。

シェル・キープ形式

ダラム城

Durham Castle

建築年代	11世紀	所在地	イギリス

武装化された司教の邸宅

ダラム城は、イングランド北端の工業都市ニューカッスルの南方20キロメートルに位置する城で、ダラム大聖堂に併設されるように築かれている。

もともとダラム大聖堂の司教邸宅として1072年に建設された建物なのだが、その形状は、モット（盛り土の丘）と、ベリー（前庭)、そしてキープ（天守）からなる典型的なシェル・キープ形式を取っていた。

本来宗教家であり、人々を教え導くはずのキリスト教司教の邸宅が、このような完全武装の城砦であるのは、現代人にとって大変違和感を感じることかもしれない。しかし、この城が築かれた当時は、ノルマン王ウィリアム１世（在位1066～87年）によるイングランド征服からまだ８年しか経っていない時期だった上、隣国スコットランドからの襲撃の危険にさらされていたので、武装化はやむを得ないことだったのである。

それに、当時のキリスト教司祭は貴族に匹敵する権力を誇っていた。そのため高い位を持つ司祭が最新鋭の武装を施された城を持つことは、決して珍しいことではなかったのだ。

さて、その肝心の城の形状だが、モットとキープを頂点とした三角形のベリーを持ち、その周囲をコの字を描くようにして流れるウィア河によって守られている。設備も充実しており、当時の軍事施設とくらべてもまったく遜色のない城砦だった。

世界遺産への登録

ダラム城は、1072年にキリスト教司祭たちの城として築かれて以来、彼らの政治的、軍事的な拠点として使われつづけてきた。

幾度となく戦火に見まわれたり、時の司教たちによる改修を受けているが、その外観は良く保存されており、当時の面影を今に残しつづけていた。

このことから、ダラム城はロンドン塔（P66）などと共に、世界遺産として登録され、長く人類の遺産として保存されることになったのである。現在は大学の施設の一部として使用されているため、一般の公開はおこなわれておらず、ガイドツアーでのみ見学が可能だ。

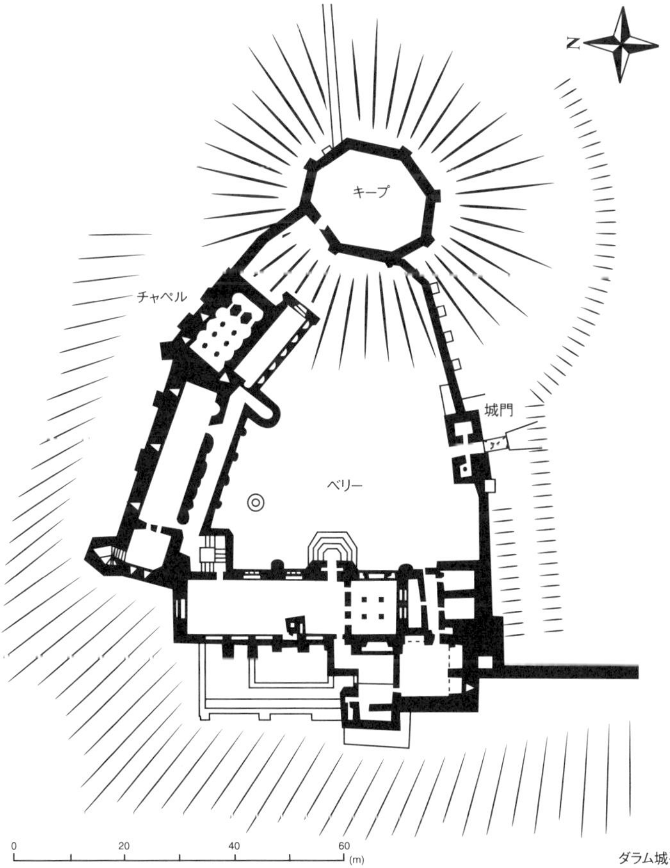

ダラム城平面図

ダラム城の設備

ダラム城は一般的なノルマン形式の城で、モット（盛り土の丘）とベリー（前庭）、キープ（天守）から構成されている。また、司祭たちの住居らしく大きなチャペル（礼拝堂）も設置されている。

■キープ（天守）

建築当初のキープは円形で、木製のものだったと考えられている。その後、石造りに改められたようであるが、記録に諸説があるので、正式な再建年代はわかっていない。

現在のキープは不等辺八角形で、それぞれの角に補強のための控壁を備えている。また、1832年に大学の施設として用いるために改修を受けており、当時の内装は残っていない。

■チャペル（礼拝堂）

この城の重要かつ特徴的な施設がこのチャペルだ。

11世紀末における建築当初の遺構で、当時の面影を良く残している。ダラム大聖堂が建設される以前はおそらく、このチャペルが人々の信仰のよりどころとなっていたのだろう。

そのためか、この城において最も初期に石造りの建物に改築されたのは、このチャペルであったようだ。

ダラム城キープ

ワーク・ワース城
Warkworth Castle

建築年代	14世紀／16世紀
所在地	イギリス

ワーク・ワース城は、多数の四角形を組み合わせたような複雑な平面のキープを持つ大変珍しい城だ。

北海に面した海岸線に立つこの城は、14世紀後半、スコットランドとの闘争における軍事拠点として建築された。以来スコットランドの侵略を阻みつづけてきた名城である。

現在でも、「モンターグ・タワー」や「ライオン・タワー」といった多くの施設が残っており、特に城の大きな特徴となっているキープは、大変良好な保存状態を保ちつづけてきた。

このキープは、16世紀における改修によって誕生したもので、3階層からなる建物である。その外見は四角形のキープのそれぞれの面に、さらに四角い建物をつなぎ合わせたような独特な形状をしていて、上から見ると、四角形に十字架を重ねたように見えなくもない。

しかし、内部の施設はいたって普通で、最下層に酒蔵や衛兵詰め所、その上部の2階層目にホールやチャペルを備えているにすぎない。

なお、ワーク・ワース城はその保存状態や特徴的な形状からか、1998年に公開された「エリザベス」を始め、様々な映画の撮影に使われている。

ワーク・ワース城キープ

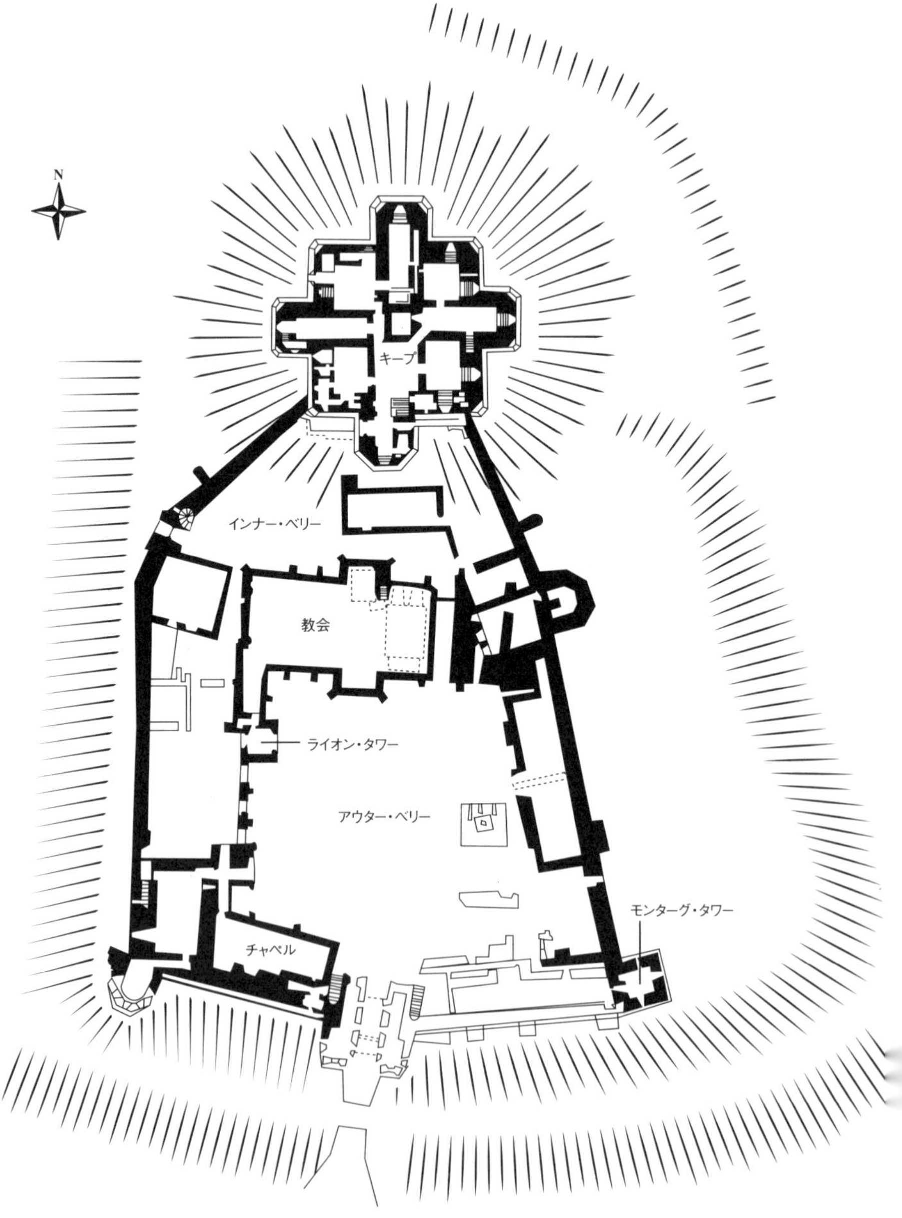

特徴的なキープを持つワーク・ワース城の平面図

バーナード城
Barnard Castle

建築年代	11世紀／13世紀
所在地	イギリス

バーナード城はダラム城のあるダラムとヨーク地方の境にある城で、1112年にバーナード・ベイリャルの居城として建てられたものである。

広大な敷地は、城のある本丸や市街地などのエリアに区分され、そのそれぞれに城壁やゲートハウスといった防衛施設が設けられていた。

城の中心となる円形のキープは13世紀に増築されたもので、3階層からなり、高さ約15メートル、壁の厚さは5メートルにもおよぶ頑強なものである。なお、この城のようにきれいな円形をしたキープを持つ城はシェル・キープ形式においても珍しく、円形型キープの城の代表格といっても過言ではない。

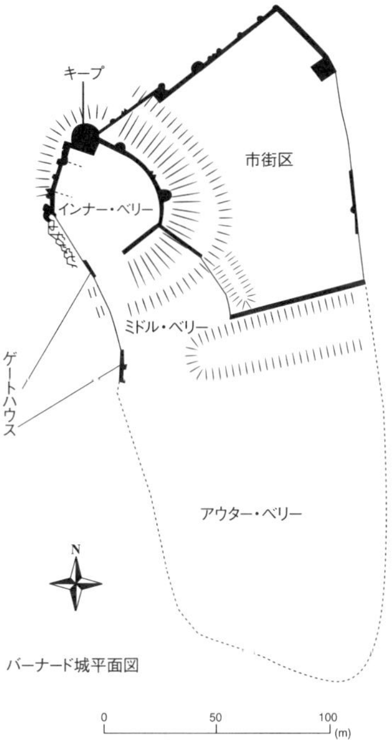

バーナード城平面図

バーナード城キープ

column:

中世の城の居住性

中世の城での暮らしというと、皆さんはどのような場面を思い出されるだろうか？　素敵なドレスに身を飾った人々が集う大舞踏会や、美しい装飾に彩られた壮大な建物でおこなわれる権謀術数の世界といった感じだろう。

しかし、中世における城での暮らしはこのように華やかなものでもなければ、快適なものでもなく、非常に地味で窮屈だったのである。

当時の城は、外敵の攻撃から身を守るための軍事拠点であり、建物の大半は防御能力を重視した造りになっていた。

城主たちは、その防衛施設の中でも最も重要なキープ（天守）で生活していたのであるが、これらの建物は分厚い石造りの壁によって築かれており、内部の生活空間は著しく狭かった。また、防衛のために小さな窓しか備えていなかったため日の光が差し込まず、石造りの建物とあいまって底冷えする寒さに支配されていた。

要するに、狭くて息苦しく、おまけにとても寒かったのである。

この不自由な住居を少しでも快適なものにするべく、当時の人々はさまざまな工夫を凝らしていた。

タペストリーや絨毯《じゅうたん》などを壁にかけ、石材の隙間から吹き付けるすきま風を防ぐのはもちろん、陰鬱になりがちな城内を彩るために天井や床に彫刻を施したりもしている。

そして、夏には快適な中庭に出て1日の大半をすごしていたのだという。

しかし、この程度のことでは根本的な問題の解決はできるはずもなく、結局城主たちは別の解決法を取ることになった。キープの他に居住用の建物を建てたのである。

居住用に新たに建てられた館は、キープの中で暮らすのとくらべ格段に快適なうえ、防衛能力を重視する必要がなかったので壮麗で美しい建物にすることができた。

この習慣はヨーロッパ中に広まり、城砦を造るうえでのスタンダードな形式となっていき、やがて豪奢で快適な「宮殿」へと姿を変えていくことになるのである。

レクタンギュラー・キープ形式

主要分布地域：イギリス／フランス
登場年代：12世紀

モット・アンド・ベリー形式が拠点としては応急対策的要素の高い形式であったのに対し、レクタンギュラー・キープ形式に分類される城は、最初から恒久的な重要拠点として構築された建築物である。

モット・アンド・ベリー形式やシェル・キープ形式のように外側に突き出たモットの上ではなく、敷地の中央にキープを建てることによって、より強力な防衛機能を備えていた。

この形式の城砦の特徴は、名前の由来にもなっている矩《く》形《けい》(長方形)を基調としたキープである。内部は基本的に2層から4層程度からなり、材質は石造りや煉《れん》瓦《が》積みで木材で築かれていることはまずない。

キープ内には、衛兵の詰め所やホールといった施設が設けられている。

これらの施設は、重要なものほど2階層から3階層目に造られることが多い。

またこの他にも、寝室やトイレなども設けられていたが、これらの施設は防衛上の目的からか分厚い石の壁の中に押し込まれるようにして造られていることがほとんどだった。

しかも、窓などの採光装置は大変小さかったため、冬などはとても寒く、生活環境としてはあまり優れたものとはいえなかったようだ。

なお、歴史的に見た場合、この建築方式はローマ人たちが築き上げてきた城砦の影響が非常に強く、それまでノルマン地方で発達してきた形式とは一線を画すものとなっている。

レクタンギュラー・キープ形式

ロンドン塔

The Tower of London

建築年代	11世紀	所在地	イギリス

歴史の闇に彩られた城

イギリスの首都ロンドンにそびえるこの建物は、イギリス王室の政治的、野心的な葛藤を内包し、ざまざまな人々の悲鳴を飲み込んできた陰惨な過去を持っている。

西洋の歴史小説に詳しい人であれば、このロンドン塔が数々の暗い悲劇の舞台となってきたことをご存じだろう。

ロンドン塔の名で親しまれているものの、この建物はれっきとした城砦であり、征服王ウィリアム１世（在位1066～87年）によって1068年にイングランド統治のための重要な拠点の１つとして建築されている。

ロンドンは当時からイングランドの経済の中心地であり、ここを治めることは侵略者であったウィリアムにとって非常に重要なことだったのだ。

築城当時のロンドン塔は、矩《く》形《けい》（長方形）型のキープとごく単純な城壁を備えたレクタンギュラー・キープ形式の城砦であった。

その後歴代のイギリス王の手によって改修を加えられ、現在では六角形をした約0.5平方キロメートルもの広大な敷地を持ち、三重のモット（盛り土の丘）や様々な防御施設によって守られた堅固で壮大な城砦となっている。

なおロンドン塔は、市街地にありながらも宮殿として使われることはなく、もっぱら城砦、もしくは政治犯を閉じ込めるために使用されていた。

塔に迎え入れられた貴人たち

ロンドン塔は、多くの高貴な人々をその暗く冷たい石造りの建物へと閉じ込めてきた。偉大なる女王エリザベス1世をはじめ、ウォーリック伯ビーチャム、思想家トマス・モアなど、そのすべてを挙げれば1冊の本になってしまうほどである。

中でも有名なのは、エドワード4世（在位1461～83年）の子、「ロンドン塔の悲劇の王子」たちであろう。

エドワードとリチャード。この2人の王子は、野心的な母の一族と王族たちの王位継承権をめぐる争いに巻き込まれ、ロンドン塔に幽閉された後、それぞれ12歳と10歳の若さで非業の死を遂げている。

この争いは、後に「ばら戦争」と呼ばれる大戦へと発展していくのであるが、ロンドン塔はその後も多くの生け贄の血を飲み干していった。

そしてそれは、この城が廃城になるまでつづいたのである。

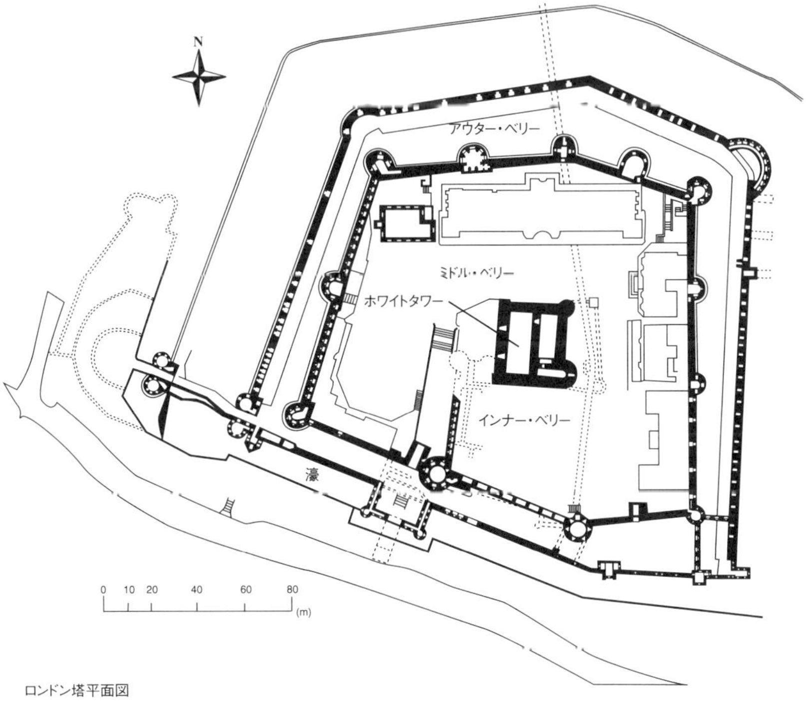

ロンドン塔平面図

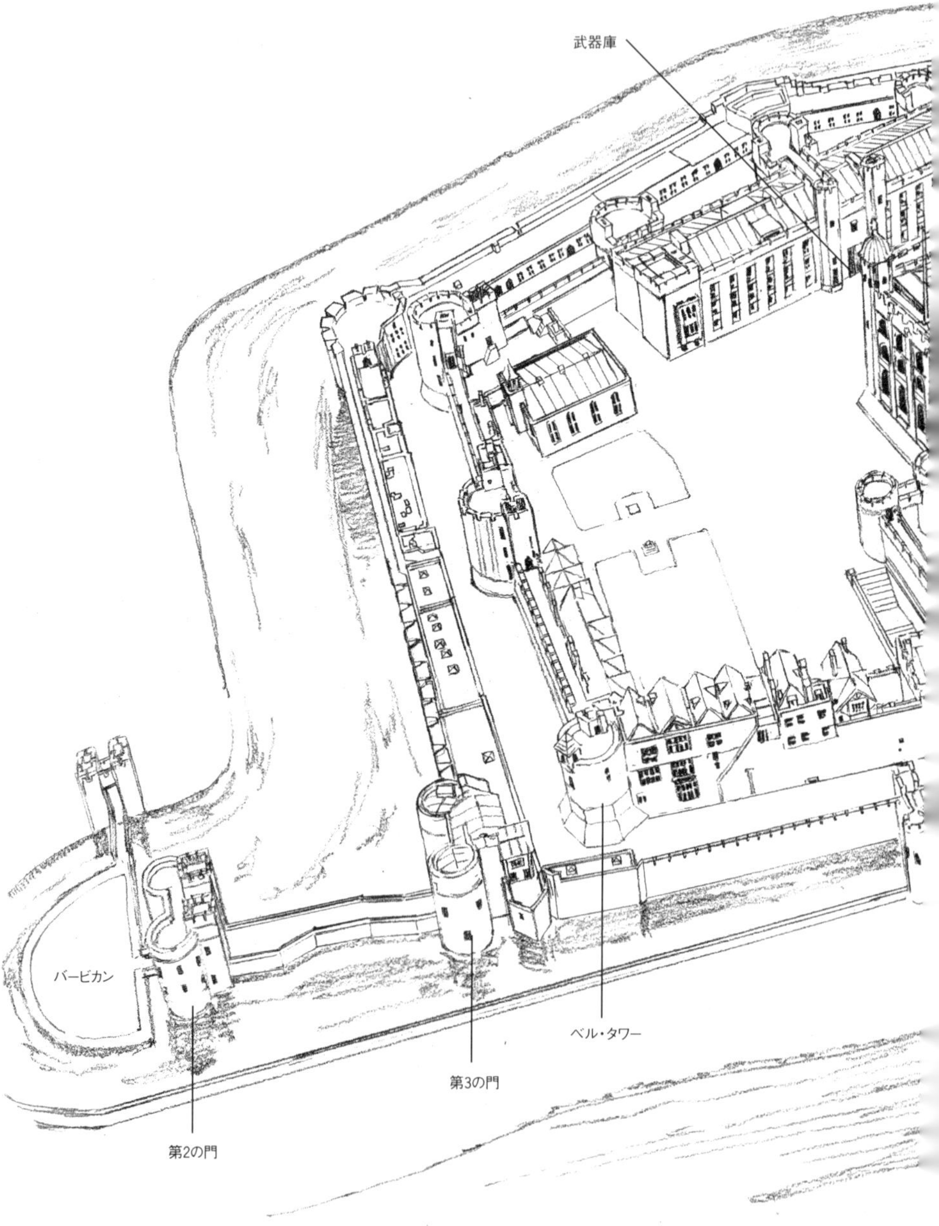
武器庫
バービカン
ベル・タワー
第3の門
第2の門

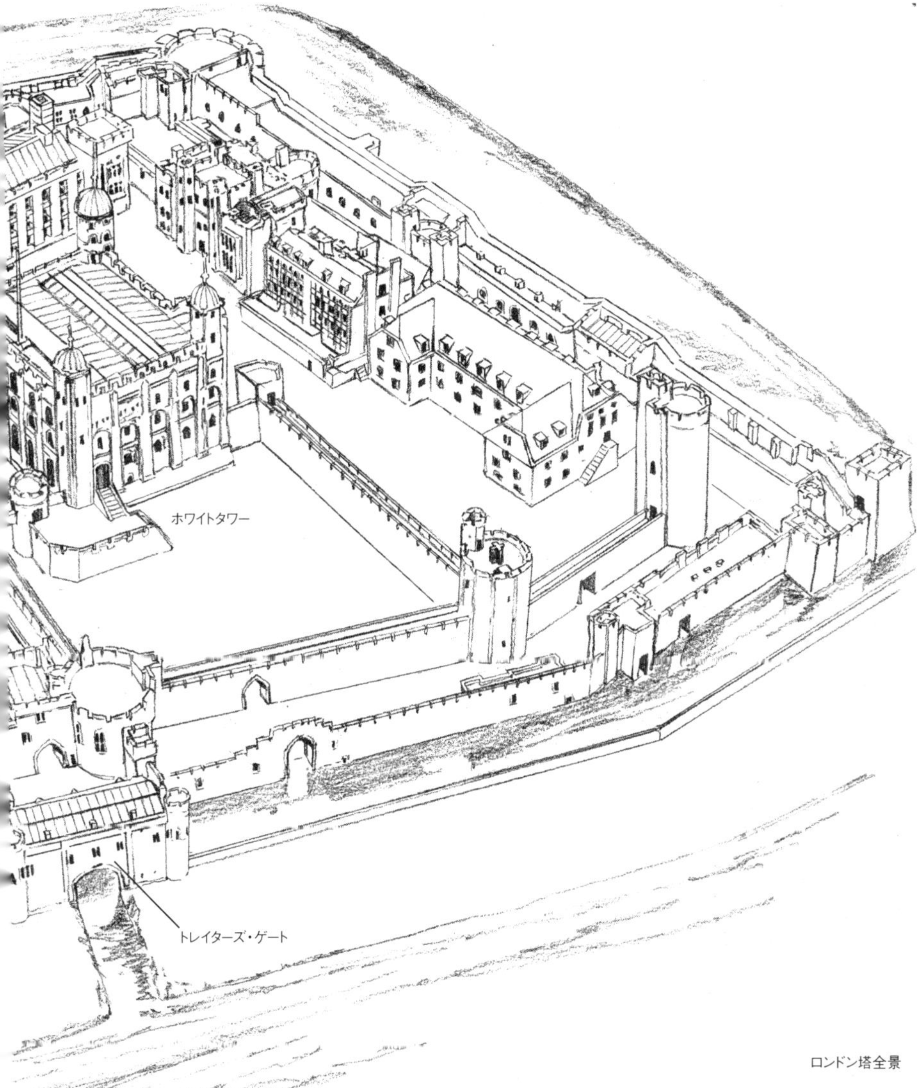

ロンドン塔全景

ロンドン塔の設備

ロンドン塔は、テムズ河の北側に面した土地に建てられていて、今でも多くの施設が現存、もしくは再建されている。

■ホワイトタワー

この城のキープ（天守）である「ホワイトタワー」は、レクタンギュラー・キープ形式の建物としては最も古いものに入る。

四角形のキープは27メートル強の高さで、四隅に小さな塔を備えている。壁の厚さは4～5メートルにも達する堅固なものだ。

キープ内の東側にはセント・ジョン・チャペルと呼ばれる礼拝堂が設けられている。

■ベリー（前庭）

ロンドン塔のベリーは、3段階に分かれている。

ホワイトタワーが設置されているインナー・ベリーは、現在城壁のほとんどを失っており、南側がわずかに残っているだけである。

ミドル・ベリーは1190年にインナー・ベリーを囲むようにして形成されたもので、周囲を守る城壁の南側と西側に鐘楼《しょうろう》を備えていた。

最も外側にあるアウター・ベリーは、1300年頃に構築されたもので、外濠《そとぼり》とバービカンも同時に設置され現在のような形状を持つに至っている。

■バービカン（馬出し）

アウター・ベリーから、西に突き出すようにして築かれている広場がバービカンだ。

ここにはロンドン塔の正門であるライオンゲートが設けられている。

ロンドン塔に入るには、このライオンゲートを抜け、バービカンの背後にある第2の門と橋、さらに第3の門を通らなければならないようになっている。バービカンに兵を配置しておけば、正門から攻め入ることは非常に困難だろう。

スカーブロ城

Scarborugh Castle

建築年代	12世紀
所在地	イギリス

スカーブロ城は、ノルマン朝を簒奪《さんだつ》したプランタジネット家、初代の王ヘンリ2世（在位1154～89年）によって1135年に築かれた城である。

北海を臨む断崖の上にそびえるこの城は、非常に堅固な要害であるだけでなく、非常に見晴らしの良い土地にあったため、古くから見張り所として利用されていた。

皮肉なことに、ヘンリに滅ぼされたノルマン朝最後の王スティーヴンもこの土地の価値を認めており、城砦として利用するべく築城に着手していたともいう。

なお、現在残る城は南北に長く伸びた三角形の敷地を持ち、西南以外の部分は、すべて海や断崖で囲まれている。また唯一、陸つづきの西南方面にも深い空壕《からぼり》が掘られていた。さらに城の内側には堅固な城壁も築かれていて敵の進入を阻んでいる。

城の大きな特徴であるキープ（天守）は、4層からなる典型的な矩形《くけい》（長方形）型で、周囲を濠と城壁で囲み、外側の城壁を越えてきた敵に備えていた。

現在、キープの半分以上は倒壊してしまっている。

ドーバー城

Dover Castle

建築年代	12世紀
所在地	イギリス

ドーバー城は、イギリスを代表する古城の1つで、その保存状態、城砦としての堅牢さにおいて最高水準を誇る城である。

ドーバーの地は、古来から海上交通の要所として知られ、古代ローマのイングランド制圧時代から城砦が築かれていた。彼らがイングランドから去った後も、サクソン人が引きつづき城郭を構え、彼らを滅ぼした征服王ウィリアム1世（在位1066～87年）もまたこの城を重視していた。

ドーバー城を現在のような高度な城砦へと整備したのは、プランタジネット家の初代王ヘンリ2世（在位1154～89年）である。

南方の海面に向かって扇状に広がる丘陵地に建てられたこの城は、中心に矩形《くけい》（長方形）型のキープを備え、周囲に城壁とベリーを設けている。

さらに、その外側にも2重のベリーを備えた堅固な造りとなっていた。

また、この城には非常に特徴的な正門カンスタブルゲートや、ローマ時代からの灯台も残されていているため、史料的に見ても高い価値を持っている。

ドーバー城キープ

エドワード式城砦
（コンセントリック型城砦）

主要分布地域：イギリス（ウェールズ）／ヨーロッパ全土
登場年代：13世紀

エドワード式城砦を含むコンセントリック型城砦は十字軍による中東との接触によって考案されたといわれている新しいタイプの城砦で、それまでのものよりも格段に優れた防御能力を備えていた。

大きな特徴は、城の中枢部分を幾重にも取り囲んだ同心円状の城壁で、城壁の角や弱点になりやすい部分に塔を備えている。これらの塔はお互いに弓矢の射程範囲に設けられ、互いを援護し合うことができるようになっていた。

内城壁は外城壁よりも高く築かれていて、外城壁に取り付いた敵兵に対して矢を十分に射かけることができるように設計されている。

塔や城壁の頂上部分には矢《や》狭《はざ》間《ま》が設けられ、守備兵を敵の攻撃から守っていた。

また、全体的な防御能力の向上によって、キープ（天守）が廃止されたことも大きな特徴といえるだろう。これによって狭苦しいキープに住んでいた城主たちは城内に設けた豪華で快適な館に住むことができるようになった。

こうした流れは、後年誕生する宮殿建築に大きな影響を与えたようである。

ボーマリス城

Beaumaris Castle

建築年代	13世紀	所在地	イギリス

美しき湿地の城

「美しき湿地」という意味の名を持つボーマリス城は、13世紀のイギリス王エドワード１世（在位1272〜1307年）が北部ウェールズ地方を防衛するために築いた城の１つである。

13世紀初頭、ウェールズではノルマン人のイギリス支配に対し、先住民であるケルト人が激しく抵抗していた。

この事態を憂慮したエドワード１世は1277年ウェールズ地方へ侵攻、1282年にこれを併合することに成功する。

エドワード１世は、この地方の支配権と治安を守るために次々と城砦を築き上げていった。これらの城は、従来のイギリスの城砦とは大きく違った設計思想によって築かれていて、形状や造りも大きく異なっている。

中でも、ハーレック城のように２重の城壁によって守られた城砦は、従来のモット・アンド・ベリー形式やシェル・キープ形式の城砦のようにベリー（前庭）を持たず、従来防衛の要であったキープ（天守）すら持っていなかった。

その代わり、城壁や城門といったすべての防御施設が塔などによって強化されていて、防御的な死角はほとんどなくなっている。つまり、城全体がキープ以上の防御能力を備えていたのだ。

ボーマリス城はこれらの城の中でも最後に築かれ、無数の塔を備えた八角形の外城壁と四角形の内城壁によって守られた堅固かつ美しい城砦となるはずであった。

完成しなかった城

ボーマリス城の築城には石工や鍛冶屋、そして労働者などを含め2000人以上の膨大な人員が投入されたという。しかし、1295年に着工されたボーマリス城が完成することはなかった。11年後の1306年には城の主だった部分は完成したものの、城門などの施設はさらに7年後の1313年になっても未完成だったのである。

その後も1320年頃まで作業は継続されたが、資金や物資の調達がうまくいかなかったうえ、周囲の海岸線が変化してしまったため建築は断念。現在も未完成のままとなっている。

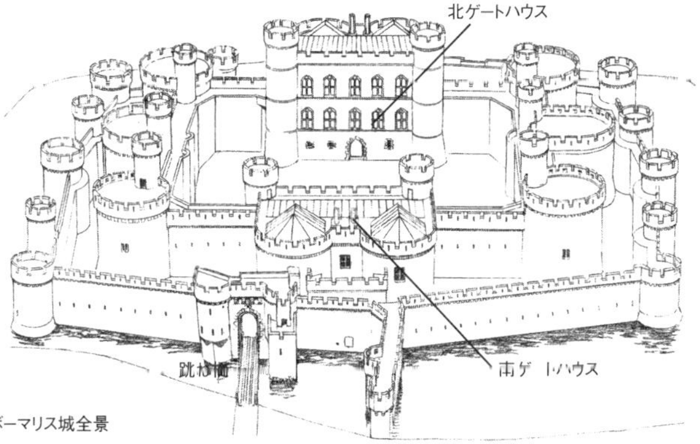

ボーマリス城全景

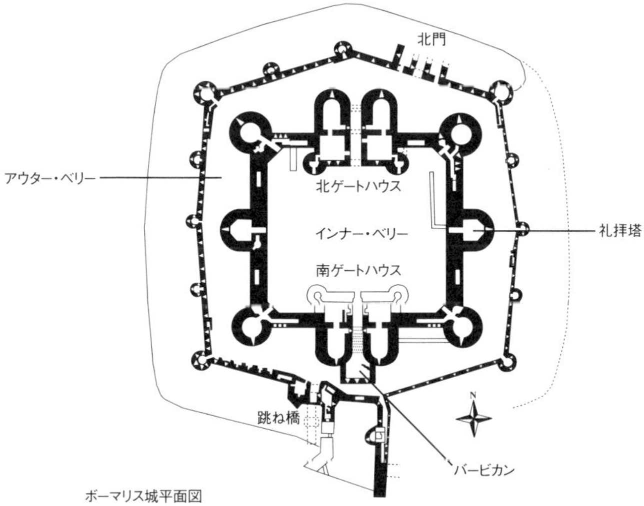

ボーマリス城平面図

ボーマリス城の設備

実は、ボーマリス城の施設はほとんど完成しており、見た目にはどこが未完成なのか判別することは難しい。観光目的で鑑賞するぶんには十分なものとなっている。

■主城郭

主城郭はキープ（天守）が存在しないこの城の中枢部分だ。

四角形の主城郭の四隅には円塔が立ち、内城壁を敵の攻撃から守っている。

また、主城郭の南北にはゲートハウスの形状を取る大規模な門が設けられていた。

さらに、東と西の城壁にはそれぞれチャペル・タワーとミドル・タワーが立っている。

■ゲートハウス

ボーマリス城の北に設けられたゲートハウスは、敵の侵入を防ぐ役割だけではなく、さまざまな目的で用いられたことが知られている。

このゲートハウスは、非常時にはキープの代わりとして用いられ、平常時には内部に備えられた大ホールが利用されていたという。

ちなみに、この大ホールは本来別個に設けられる予定だったのだが、城の建築中断によって北ゲートハウスで間に合わせられることになったらしい。

また、南のゲートハウスは城の正門として用いられていたため、バービカンを設け、防御を固めていた。

■外城壁

ボーマリス城の外城壁は八角形をしており、同じ形をした濠《ほり》によって守られている。

外城壁自体は合計12もの塔を備え、敵の侵入や攻城兵器による攻撃に備えていた。

なお、外城壁も南北に城門を備えており、特に南側の門には跳ね橋などの防衛施設が設けられている。

外城壁(跳ね橋)

ハーレック城

Harlech Castle

建築年代	13世紀
所在地	イギリス

エドワード１世（在位1272～1307年）によってウェールズに築かれた城砦の１つであるハーレック城は、ボーマリス城の原型となった名城である。

海岸近くの岩山の上に築かれているため規模こそ小さいものの、内部の設備は充実しており、高い防御能力を誇っていた。

東面60メートル、西面42メートル、南北面43メートルの四角い主城郭には４つの塔が設けられ、東面にはゲートハウスがある。

このゲートハウスには城の内部に入った部分にも円塔が設けられていて、ボーマリス城と同じようにキープの代わりとして用いられていたようだ。

また、主城郭の周囲には同じように四角形の外城壁が設けられている。

なお、この城砦はあくまで軍事目的のために使用されていたらしく、他の同時期に建てられた城砦と違って周辺に市街地が開かれるようなことはなかった。

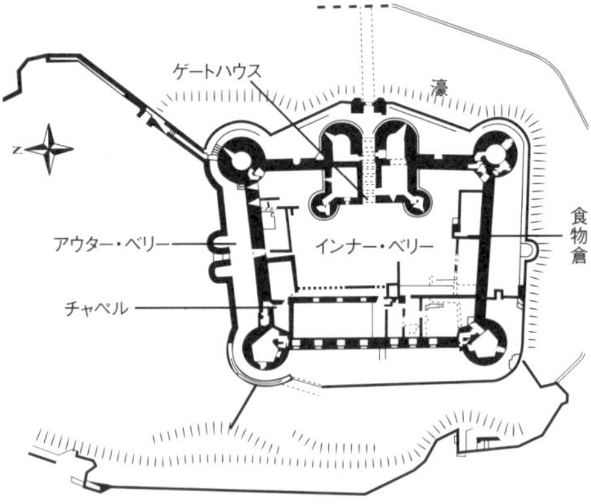

ハーレック城平面図

岩山にそそり立つハーレック城

column:

城ができるまで

城は寺院などの宗教建築と共に最先端の技術を用いて造られる建物だった。建築には莫大な費用がかかり、完成までには長い期間が必要である。また、作業をする人間の数も非常に多かったうえに、石工や鍛冶屋など特殊な技術を持った職人も雇わなければならなかった。

では、築城は実際にはどのような工程でおこなわれ、どれほどの時間をかけていたのだろうか。

ここでは本文で紹介しているボーマリス城を例にして築城の様子を追ってみたいと思う。

城を建てるうえで一番最初におこなわなければならないのが「敷地選び」である。城を建てる土地は、高い山の頂のように険しい地形であればあるほど防御面で有利だ。しかしその土地が街道から大きく外れていたり、国を守るのにまったく無意味な土地なら、城自体が役に立たない存在となってしまう。また、人が生活するためには飲料水の確保も重要な要素の１つだった。

ボーマリス城は、湿地帯に建てられているため水の便については問題ない。また、この城の建築理由自体がケルト人への牽制にあったため防衛上の重要度も申し分ないものだったといえるだろう。

次に「設計」である。中世の城の設計は工事を受け持つ石工の棟梁《とうりょう》に任せられることが多かった。

石工の棟梁は城を建てる王や貴族からどのような城を建てたいのかを聞き出したあと、「測量」や「縄張《なわば》り（配置決め）」をして実際にどのような形で再現するかを決め、作業に移るのである。もっとも築城に関する知識を持つ王や貴族であれば、自分自身が指揮を執って縄張りをおこない、石工たちには実際の作業だけを担当させることが多かった。なお、このような作業は後に専門の建築家や技術者に任せられるようになっていく。

この作業が終わると建築のために必要な人材が各地から集められた。石造りの城を築くのには非常に多くの労働者が必要だった。材料を調達し運ぶための人員や、建築中の危険に備えるために兵士も必要とされる。

ボーマリス城では石工400人、それを手伝う労働者2000人、石工が使う道具を修理する鍛冶屋や城内の木造部分を担当する大工が30人雇われた。

さらに石を運ぶために200人の車夫と100台の荷車が用意され、建築現場を守るために20人の石弓兵が配属されていた。

人材が集まったら、いよいよ「建築作業」である。

石工たちは建材として運び込まれた岩を城の材料にふさわしいように整え、基礎の上に積み上げて城の形を造っていった。当然そのまま積み上げるだけでは十分な強度が得られないので、石と石のあいだには接着剤の役割を果たす漆喰《しっくい》が塗られた。

壁石が積み上げられ作業場が高いところに移ると、板などで傾斜路や足場を作り、材料の石は滑車を使って運び上げた。

石工が働いているあいだ、大工は城の床やドアといった木造部品や、城に付属する家畜小屋などの施設を築いていく。鍛冶屋は石工たちが使うノミなどの工具を修理したり、大工が使うクギなどを作っていた。

こういった人力での作業は非常に時間のかかるもので、どれだけの労働者を働かせても年単位の仕事となることが多い。

事実、ボーマリス城は、着工から20年以上の月日を経ても完成には至らなかったのである。

フランス式城砦

主要分布地域：フランス
登場年代：11世紀頃

フランスの城砦について語るには、まず当時のフランスが置かれていた状況から説明しなければならない。

中世のフランスは、フランク王国の流れをくむカペー朝によって支配されていた。しかし、支配とはいうものの実際のカペー朝の支配領域は、パリ周辺の一部地域にとどまっている。その立場はブルゴーニュ公やブルターニュ公といった大貴族のそれと変わらず、その他の貴族とも強い主従関係を持っていたわけではない。つまり、フランスは貴族の連合国家であり、カペー朝の王族たちは名目上の君主にすぎなかったのである。

一方、国外に目を向ければ、そこにはノルマン人たちが築き上げたイングランドが領土を狙って手ぐすねを引いていた。事実、彼らはフランス領内に領土を持ち、そこに自分たちの城を建てていたのである。

このような不安定な状況下で、フランスの城砦は発展を遂げていく。それらの城砦は実戦の中で改修を繰り返され、次第に特定の特徴を持たない城砦になっていった。

ある城は、イギリス人によって築かれたレクタンギュラー・キープ形式を利用したものであったり、ある城は中世ヨーロッパの城の大半が持っているドンジョン(天守、イギリスの城におけるキープにあたる)が、城壁に設けられた防衛用の塔と見分けがつかないような造りなっていたりするのである。

このように、フランスの城砦は特定の形状にとらわれないことが最大の特徴といえるだろう。あえて特徴づけるとするなら、せいぜい他の国々の城砦より曲面が多く、丸みを帯びた造りになっていることが多い程度である。

フランス式城砦

ロッシュ城

Château de Loches

建築年代	11世紀	所在地	フランス

敵国によって築かれた城

ロッシュ城はロワール河の支流、アンドル河のほとりに立つ城で、後のイングランド王ヘンリ2世（在位1154～89年）がその地位を得るまで居城としていた城である。

ロッシュ城は昔から戦略上重要な土地で、フランス、イギリスの双方から軍事的拠点として、あるいは攻撃目標として戦争の舞台となっていた。そこには、ヘンリ2世の子・リチャード獅子心王（在位1189～99年）やフランスのフィリップ尊厳王（在位1180～1223年）といった高名な人物も登場している。

戦いは最終的にフランスの勝利で終わり、ロッシュ城はフランス側の城砦として改修を受け利用されることとなった。城を守る城壁はぐるりと市街地までも覆いこみ、カペー朝の王族たちの手によって増設された宮殿は今もその優美な姿を横たえている。

15世紀にはドンジョン（天守）の側に新しい塔と「マルトレ」と呼ばれる塔が建築された。このマルトレは監獄《かんごく》としての使用のみを考えて建てられた施設で、頑丈《がんじょう》な鉄格子や牢屋《ろうや》を多数備えていたとされている。

マルトレの建設以降、ロッシュ城は主に牢獄として使用され、当時の人々の恐怖と憎悪の対象となっていった。しかし、フランス革命（1789～99年）の際に暴徒と化した人々の手によって破壊され、ロッシュ城はその忌まわしい役割を終えることとなる。

美しき住人

フランスの統治下に置かれ、華やかな歴史を刻んでいた往時のロッシュ城には王族をはじめ、さまざまな人々が居住していた。

中でも有名なのは「ダーム・ド・ボーテ（美しき貴婦人）」と呼ばれたアニエス・ソレルだろう。彼女は百年戦争で有名なフランス王シャルル７世（在位1422～61年）の母、イザボー・ド・バビエールの腰元をしていたのだが、その美しさゆえに王の愛人の中に名を連ねることになる。教養があり、賢明だった彼女は愛する王をよく補佐した。彼女はセーヌ河流域のルーアンで亡くなるが、その遺言によってロッシュ城内に葬られた。

遺体は現在でも聖ウルス教会堂中の墓の中で長い眠りについている。

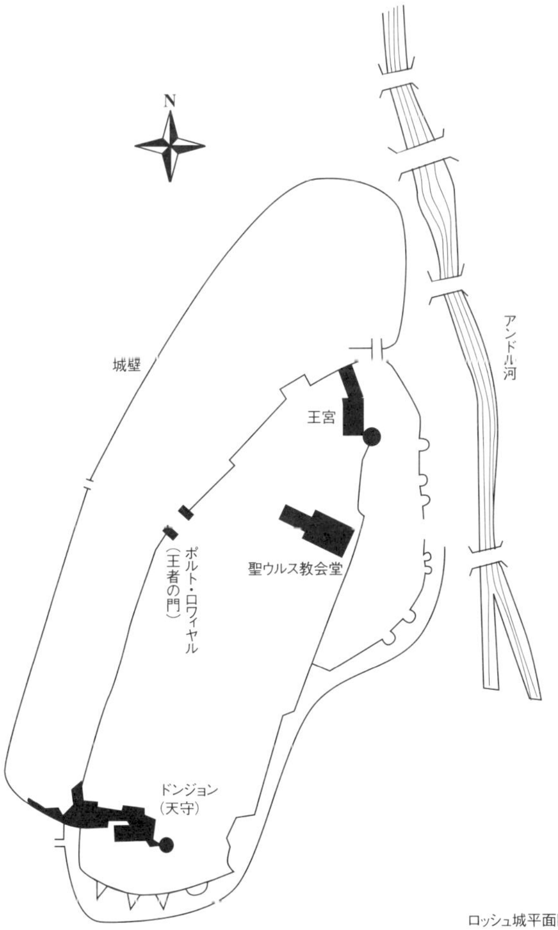

ロッシュ城平面図

ロッシュ城の設備

ロッシュ城はフランスの城砦の中でも初期のものに属している。しかし、その保存状態は非常に良く、多くの施設が現在も残されている。

■ドンジョン（天守）

ロッシュ城のドンジョン（天守）は非常に巨大なものだ。

11世紀に着工された当初は、25×13メートルの矩《く》形《けい》（長方形）の底面をしていたが、15世紀の増築によってL字型になっている。高さは36.7メートル、現代のマンションにたとえるなら、およそ10階建てに相当する。

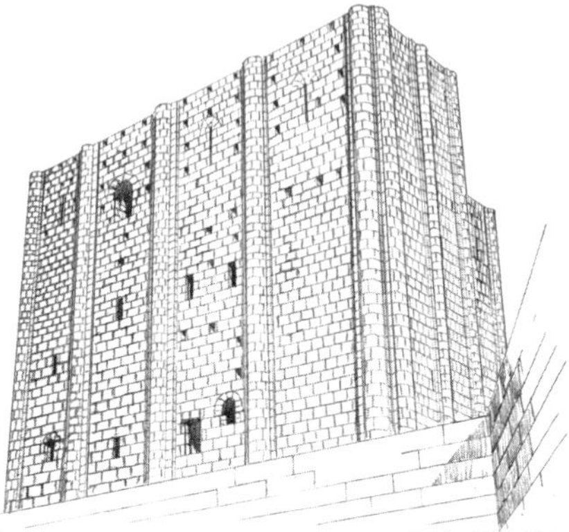
ロッシュ城ドンジョン

非常に巨大であるものの、ドンジョンの壁面や四方には半円状の塔が立ち、イギリスのキープのように角張った印象を与えない。このような差異は、フランス式城砦の1つの特徴といえるだろう。

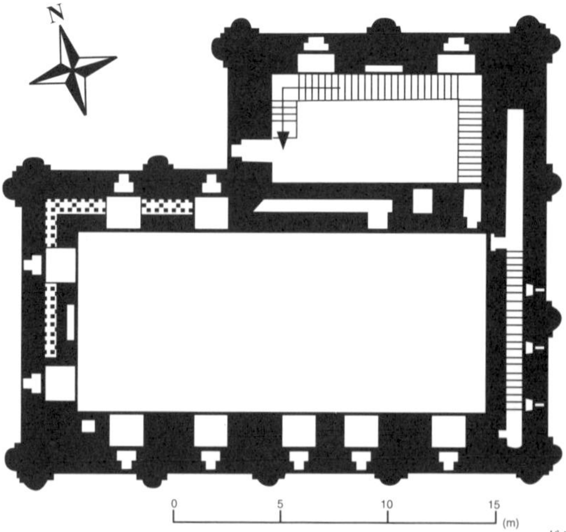

ドンジョン断面図

■城壁

ロッシュ城の城壁は城下町である市街地を囲み込む長大なもので、長径は400メートルにもおよぶ。さらに城壁には小型の円塔が、そして城壁の角に当たる部分には大型の塔が設けられその防衛力を高めている。ちなみに城壁の角の塔は13世紀にカペー朝に所有されるようになってから増設された防衛施設だ。これらの建築物は大部分が現存している。

■ポルト・ロワィヤル(王者の門)

2本の塔で両側を守られた非常に巨大な城門である。

本体自体は13世紀に築かれたものだが15世紀に、より防衛力を高めるべく2本の塔が門の両側に増設された。

ポルト・ロワィヤル(王者の門)

■聖ウルス教会堂

12世紀頃に建てられた教会堂。正面には八角形の塔が2つ並び、それぞれ八角錘《すい》の屋根で飾られている。

内部にシャルル7世（在位1422～61年）の愛人、アニエス・ソレルの遺体が安置されていることは前記した通りだ。墓には、左右を天使に見守られた彼女の仰臥《ぎょうが》した姿が彫刻されている。

■王宮

ロッシュ城内には、王族が住むための王宮が築かれている。

王宮は旧王宮と新王宮の2部に分かれ、南北に長く連なるように建設されている。旧王宮は14世紀、新王宮は16世紀に築かれたもので、時代を反映して装飾や建築様式に違いがみられる。

シノン城
Château de Chinon

建築年代	12世紀
所在地	フランス

シノン城は当時フランス領内に勢力を広げていたイングランドの王ヘンリ２世（在位1154〜89年）によって築かれた城砦である。

彼はシノン城をこよなく愛し、この城で生涯を閉じることになったのだが、彼の死後20年と経たぬ1205年、フランス王フィリップ２世（在位1180〜1223年）により陥落。以降はカペー朝の王族たちによって利用されていくことになるのである。

しかし、この城にとって重要なのはこのようなエピソードではなく、フランスを救った英雄的少女ジャンヌ・ダルクに関するものだろう。

14世紀の後半からはじまった英仏による百年戦争は人々を疲弊させ、フランス国内を大いに乱していた。国を治めるべき国王は、イギリス王と前国王シャルル６世の娘とのあいだに生まれた幼児であり、本来国を継ぐべき王太子は正気を失った前国王によって継承権を剥奪されてしまっていたのである。そんな彼の前にジャンヌは神からの御告げを携えて現れた。

だが、当時の人々は彼女を詐欺師か狂人のように考え、神の御告げが本物か試そうとしたという。シノン城の大広間にいる王太子を探し出し、声をかけるように命じたのである。彼女は300人の高官の中から王太子をやすやすと見つけだすと、彼こそがフランスの正当な王者であることを高らかに宣言した。この後の彼女の活躍と悲劇は歴史が示す通りだ。

さて、この歴史的事件の舞台となったシノン城は、現在ではいくつかの建築物を残すのみで大部分が廃墟となってしまっている。

残存する建物は、城の東側にそびえるサン・ジョルジュ砦、および西側のクードレィ砦、それにダリジァントン塔とシアン塔の４つ程度だ。しかし、これらの建物を検証するだけでもシノン城が優れた防衛施設を備えていたことをうかがい知ることができる。

ガイヤール城
Château Gaillard

建築年代	12世紀
所在地	フランス

ガイヤール城は、難攻不落を誇ったフランスきっての名城である。

本来は、イギリスのリチャード獅子心王（在位1189〜99年）がレ・サンドリの町に面した丘陵に、たった１年という短期間で築き上げた城で、彼が相続したノルマンディーでの所領をフランス国王から守るための拠点であった。

この城には、リチャードが十字軍の遠征でオリエントの地の城砦から学んだ、多くの築城技術が取り入れられている。

深い濠《ほり》に守られた城壁は要所要所に砦を備え、その強固な城壁の奥には再び濠が設けられている。それらを潜り抜けた先にようやく本城がそびえ、その中心に立つドンジョン（天守）は、壁の厚さ５メートルにもなる堅牢なものであった。さらに城の足元を流れるセーヌ河にも砦が設けられ、渡河による城内への侵入を防いでいた。

しかし、これほどの防衛施設を備えたガイヤール城だが、実にあっけない形でフランスの手に落ちている。なんと、トイレの排泄口から侵入した兵士たちによってあっさりと制圧されてしまったのである。

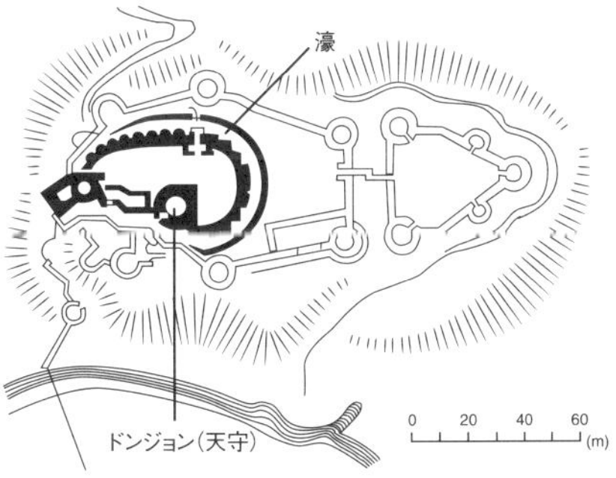

ガイヤール城平面図

その後ガイヤール城はフランス側の城砦としてその勇名をはせるが、1603年、敵の手に渡ることを恐れたアンリ４世（在位1589〜1610年。ブルボン朝の初代国王）によって破壊され、廃墟と化してしまった。

廃虚と化したガイヤール城

column:

攻城戦と兵器

文明がそれほど発達していなかった中世において、当時の技術の粋を集めて造られた防衛施設である城を攻め落とすことは、並大抵のことではなかった。

『孫子』などの兵法書を紐解いてみても、城攻めをおこなうのは最悪の手段であるとされているほどである。なんの工夫もなく攻め込もうとすれば、城内の10倍の兵士がいたところで城を落とすことは難しいとされるのだ。

しかし、守る手段が発達するなら攻める手段も発達する。世界中の城主たちは、城を築いて国内の守りを固めるだけではなく、攻城戦の方法についても熱心な研究をして、さまざまな城攻めの方法や攻城兵器を考え出していった。

ここでは中世のヨーロッパで用いられた戦法と攻城兵器を紹介しよう。

■攻城戦に用いられた戦法

●包囲戦

中世ヨーロッパにおいて最もスタンダードな城の攻め方だ。

大軍を率いて城を包囲し降伏を勧告、反応がなければ攻城兵器による攻撃と、兵士による襲撃をおこなうのである。

しかし、防御側の兵士が十分いたり、城が堅固である場合は攻撃側の損害の方が大きくなってしまうことが多かった。

そのため、次第に他のさまざまな城攻めの手段が考案されていくことになる。

●兵糧責め

城砦への襲撃が危険だと判断される場合は、敵の城砦を兵糧責めにした。

方法は大軍で城を包囲し、食料その他の補給を断つだけ。後は食糧不足に陥った敵が降伏してくるのをじっくりと待つのである。また、敵の食料の消費を増やすためにわざと城下町を襲い、住民たちを城に逃げ込ませることもあった。

●モグラ責め

モグラ責めは中世ヨーロッパの城攻めの手段としては大変ユニークな戦法である。鉱夫を使って城壁の下までつづくトンネルを掘り、城壁自体を陥没させてしまうというダイナミックなものだ。

しかし、城壁に向かってただトンネルを掘るだけでは鉱夫たちまで生き埋めになってしまう。そのため、トンネルは木製の柱で補強されていた。城壁の下までトンネルが届いた後この柱に火を放てば、柱が焼け落ち支えを失った城壁が崩れ去る。鉱夫たちは、柱が燃えているあいだに外までゆうゆうと逃げ出すことができた。

なお、この戦法は日本でも武田信玄《たけだしんげん》が天正《てんしょう》元（1573）年、三河《みかわ》の野田城を攻撃する際に金山衆《かなやましゅう》といわれる技術者集団を使って用いている。ただし、信玄は城壁を崩すためではなく、敵城の井戸から水を抜くために使用していたようである。

モグラ責めの様子

■攻城兵器

●ラム（破城槌）

ラムは古代から用いられている攻城兵器である。

構造はいたって単純で、大きな丸太の先端を金属などで補強したものである。ラム（羊）という名称からか、この補強部分は雄羊の頭部の装飾が施されていることが多い。

使い方も簡単で、多人数で抱えて城門に叩き付けたり、移動式の櫓《やぐら》にお寺の鐘《かね》を打つ鐘木のように固定して、城壁に打ち付けたりした。このような方法で使われるラムのことを「バッタリング・ラム」と呼ぶ。

●投石機

投石機は大きな石をテコの原理で飛ばす機械で、古代のローマや中国でも使用されていた。

外見は大きなシーソーのような形をしており、片方の側に石を乗せるためのカゴが、もう片方の側に手で引くためのロープがついている。このロープを大勢で引くことによって石を飛ばしたのである。

この部分は後に機械仕掛けの重りやバネで代用されるようになり、人力で石を飛ばしていた時よりも大きな石をより遠くまで飛ばすことができるようになっていく。

主に城壁や塔に石を撃ち込んで破壊するのが目的だが、城内に立てこもる敵の士気を下げるために、討ち取った敵将の首や汚物を撃ち込むこともあった。

投石機

●移《い》動《どう》櫓《やぐら》

木材で組まれた簡単な塔で、車輪を取り付けることで移動可能にしたものだ。その外側は動物の生皮で覆われ、火矢によって焼かれることを防いでいる。

城壁を越えて兵士を城内に送り込むためのものだが、「バッタリング・ラム」を吊すために使われたり、城壁に対して細工をする際の移動基地としても用いられた。

移動櫓

ドイツ式城砦

主要分布地域：ドイツ
登場年代：12世紀頃

ドイツの城砦は他のヨーロッパの城砦とくらべ、いくつかの特徴的な要素を備えている。

これらの城はベルクフリート（Bergfried）と呼ばれる天守を持ち、城壁や城門にも高塔が設けられていた。また、ベルクフリートとは別に居住用の建物が併設されていた。

天守とは別に居住区を設けるという形式は、後のイギリスでも見られるようになるが、その誕生はドイツより遅れた12世紀後半から13世紀にかけてのことである。ドイツ式の城砦がいち早くこのような特徴を備えたのは、先鋭的な技術をいち早く取り入れたというわけではなく、ベルクフリートが持つ特殊性に起因するものだった。

ベルクフリートはイギリスでいうところのキープ、フランスならドンジョンにあたる施設だが、他国のものよりも防御能力という面で特化している。そのため、外壁は非常に分厚く堅固であるが内部空間は狭く、居住空間を設ける余裕はまったくなくなってしまった。ドイツ人はこの問題を解決するために、居住区と礼拝堂をベルクフリートの外側に築くしかなかったのである。

ベルクフリートは非常に高い塔になっていることが普通である。しかし、この特徴は防御面だけを考慮したものであるとばかりはいえないかもしれない。なにしろ彼らは、非常に高い塔を築くことを好んでいたからである。これは寺院の建築でも十分すぎるほど発揮され、ケルンやシュトラスブルクの大聖堂なども巨大な塔を備えている。

なお、ドイツは石材に恵まれていないため、これらの建築物は煉《れん》瓦《が》で造られていることが多い。

ドイツ式城砦

マリエンベルク城

Festung Marienberg

建築年代	13世紀	所在地	ドイツ

司教領の城砦

マリエンベルク城は、ドイツで権勢を誇った司教領主たちのために造られた城砦である。中世ヨーロッパにおいて、司教たちが貴族と同等の力を誇っていたのはイギリスのダラム城（P58）でも紹介した通りだが、神聖ローマ帝国を名乗りローマの正式な後継者を自認していたドイツでは、その要素が特に顕著だった。

神聖ローマ帝国皇帝オットー１世（在位936～973年）は、国教であるキリスト教、ひいてはその象徴である教会や司教を優遇し、彼らの利益を優先的に保護したのである。このような事情から、ドイツでは司教たちが所有する都市や城砦が大いに発展していったのだ。

マリエンベルク城はこのような情勢の中、神聖ローマ帝国皇帝とローマ教皇との確執による騒乱から誕生することになる。

当時のドイツは、皇帝ハインリヒ４世（在位1056～1106年）と教皇グレゴリウス７世（在位1073～85年）のあいだで繰り広げられた叙任権闘争（聖職者の叙任権をめぐる教皇と君主の抗争）から皇帝派と教皇派の二派に分かれて闘争を繰り広げていた。ビュルツブルク地方を治めていたコンラート司教は当然、教皇派に味方していたのだが、そのことにより皇帝派の攻撃を受けるリスクも負ってしまう。結果、コンラート司教は城砦を築き、攻撃に備える必要に迫られたのである。

城砦は1210年、ビュルツブルク市街の西方、マイン河をへだてた小丘の上に築かれた。中央部に聖マリア教会堂が立っていたため、後年この城はマリエンベルク城と呼ばれることになる。

蘇る城砦

コンラート司教による建築後も、城砦の改修はつづいていった。何度か火災に見舞われることもあったが、そのたびに施設が増え、城砦としての完成度を高めていくことになる。

しかし1618年、ルター派などの新教の問題からはじまった三十年戦争の際に、この城は新教徒たちに占領され、徹底的に破壊されてしまう。

1635年、城砦は再び司教たちの手に戻るが、彼らはこの教訓からマリエンベルク城にさらなる改修を施していった。

城砦の周囲には４つの稜堡《りょうほ》が設けられ、その姿はさながら要塞のようになっていくのである。

要塞と呼ばれるマリエンベルク城

マリエンベルク城の設備

マリエンベルク城は長い戦いの歴史の中で、多くの防衛設備を備えるにいたっている。以下に紹介するのはその中でも特徴的なものである。

■ベルクフリート（天守）

ベルクフリートはドイツ式城砦の大きな特徴である。他国の天守と違って居住区や城主の館としての機能を持たず、防衛施設としてのみ使用される。

マリエンベルク城のベルクフリートも例外ではない。13世紀に建てられたベルクフリートは円形の非常に高い塔であるが、その底面積自体は城壁に立つ他の尖塔《せんとう》と大差ない。

■聖マリア教会堂

ドイツ式城砦の天守であるベルクフリートは内部に居住スペースを持っていない。

領主の館や礼拝堂はベルクフリートの外に設けられることになる。聖マリア教会堂も外部に設けられ、日々の祈りのために使用されていた。しかし、この教会堂は、実は城砦自体よりもはるかに古い年代に建築されているのである。建築年代は8世紀初頭、ヨーロッパの中でも最古の部類に属する教会堂なのだ。建物自体も特徴的で、円形の建物は実に3.5メートルにもおよぶ壁を備えている。

■稜《りょう》堡《ほ》

城砦を取り囲むようにして設けられた稜堡は、1635年の城砦奪還後に大司教でありマインツ選帝侯でもあったシェーンボルン（1655～1727年）によって築かれたものである。それぞれマルス稜堡、フランケン稜堡、聖ヨハネス稜堡などの名前がつけられていて、完成までには100年近い年月が費やされた。

これらの稜堡は、城攻めの際に相手の火砲から城を守る設備で、たんなる土《ど》塁《るい》や内部に土を詰めた石垣である。

稜堡は通常、後年登場する要塞に備え付けられる設備だが、マリエンベルク城は18世紀まで現役の城として使用されていたため、欠くことのできない防衛施設であった。

カッツ城(ブルクカッツ)

Burg Katz

建築年代	14世紀
所在地	ドイツ

カッツ城はカッツェンエルンボーゲン伯爵によって1371年に建築された城である。

本来、この城自体の名前も主人の名をとってカッツェンエルンボーゲン城とされていたが、あまりにも長すぎることからカッツ城（ブルクカッツ）と呼ばれるようになった。

ちなみに、カッツェはドイツ語で「猫」を意味する。このことから「猫の城」とあだ名され現地の人々や観光客に親しまれるようになった。

ライン河沿いの断崖に立っており、六角形の城壁とライン河に面した２本の塔を備えている。最も危険の多い陸地側の面には巨大な円形状のベルクフリート（天守）が立ち、外敵に備えていた。しかし、これだけの防衛施設を備えていたカッツ城も19世紀初頭のナポレオン（1769～1821年）によるドイツ制圧により、戦闘をおこなわずして破壊されてしまう。現在の建物は1896年に再建されたもので、福祉施設の保養所として使用されている。

ちなみに、カッツ城の下流３キロメートルの位置には「ネズミの城（ブルクマウス）」とあだ名されるトゥルンベルグ城が立っている。当時カッツェンエルンボーゲン伯爵と反目していたトリールの大司教が建設したもので、大司教を見下した伯爵が猫に対するネズミのような城だと罵ったことから、不名誉なあだ名で呼ばれることとなったのである。

マルクスブルク城
Marksburg

建築年代	13世紀
所在地	ドイツ

マルクスブルク城はライン河流域にある古城群の中でもほぼ最高の保存状態を有する名城だ。13世紀の初頭に建てられたこの城は、カッツ城のカッツェンエルンボーゲン伯爵の所有する城の１つであったが、後にヘッセン伯ナッソウの所領となっている。

高い山の上に築かれた城は堅固な城壁によって守られ、その要所には塔が配置されて防衛力を高めている。また、城内からの展望は大変よく、足元を流れるライン河から、その対岸の様子までも一望することができた。さらに、城の中心たるベルクフリート（天守）は城の中央に一段高くそびえ、その偉容をライン河に映している。

現在、この城はドイツの古城保存協会によって買収、整備され、その本部が置かれている。城内は一般公開もされており、博物館や図書館、レストランなども営まれている。

マルクスブルク城遠景

マルクスブルク城外観

ムデハール形式

主要分布地域：イベリア半島
登場年代：15世紀

ムデハール形式の城は、スペインやポルトガルといったラテン民族系の国があるイベリア半島に多く見られる城砦である。最大の特徴は中東色が大変強いという一言に尽きる。

イベリア半島は、711年に西ゴート帝国が招いたイスラム教徒によって制圧されてしまって以来、長い間イスラム系の王朝による支配を受けていた。

その間、建築や文化も中東式のものに改められ、さながら中東の一地方のようになっていたという。

その後、ヨーロッパのキリスト教徒たちはレコンキスタ(国土回復運動)の名のもとにイベリア半島を奪還することとなる。

しかし、取り戻した大地に新たに築かれた城砦は、イスラム教徒たちがこの土地を支配していた時と同様に中東色の強いものだった。

これらの城砦が大変機能的であり、かつ装飾性に優れていたことを知ったキリスト教徒たちは、中東的な様式を自ら取り入れることにしたのである。

このような形式の城は、レコンキスタ以降もイベリア半島に残ったイスラム教徒の技術者によって建築されたため、彼らの呼称をとってムデハール形式と呼ばれた。

こうして誕生したムデハール形式の城は、煉瓦《れんが》造りで出入り口に馬蹄《ばてい》型のアーチを備えている。城壁は2重であることが多く、要所には防御能力に優れた円形の塔が設けられていた。これらの施設には華麗な装飾が施されている。さらに、城壁で囲まれた中央にある主城部分には中庭が設けられていることが多い。このような特徴は、ヨーロッパと中東の城の長所を混合したものである。

ムデハール形式

マンサナレス・エル・レアール城

Manzanares el Real

建築年代	15世紀	所在地	スペイン

ムデハール形式の典型的な城

マンサナレス・エル・レアール城は、マドリードの北方42キロメートルにある寒村にそびえる典型的なムデハール形式の城だ。

中東の様式を取り入れて2重に設けられた城壁と、ヨーロッパの城の長所である石造技術を用いて造り出され、非常に高い実用性を備えていた。しかも、各設備には優美な装飾が施され、近隣のサンチラーナ湖とあいまって今なお幻想的な美しさを誇っている。

もともと、この土地には13世紀の領主だったサンチラーナ侯爵によって築かれた城があった。しかし、後年には破棄され今はその基礎を残すのみとなっている。

現在の城が築かれたのは1475年。サンチラーナ侯爵の子孫であるインファンタード伯爵が再建したものだ。

彼はマドリードの市内に邸宅を持っていたので、おそらく離宮や緊急時の避難場所としてこの城を築いたのだろう。しかし、たとえ居城として用いられるのでなくとも、この城の実用性と芸術性は当時としても高水準のものであったといえる。

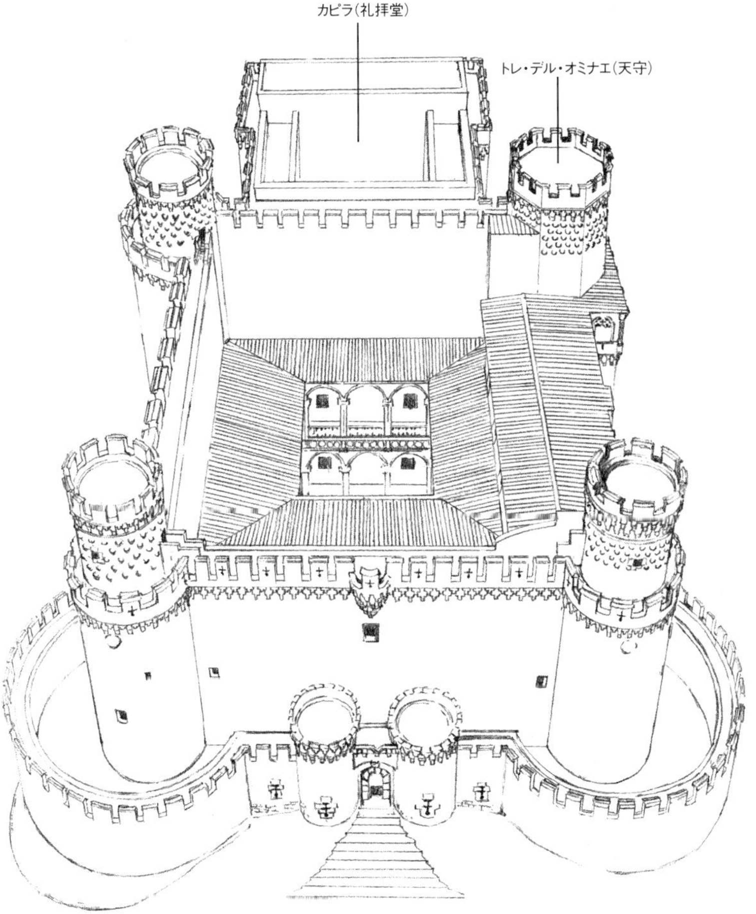

マンサナレス・エル・レアール城全景

サンチラーナ湖の水妖

ところで、マンサナレス・エル・レアール城には大変興味深い逸話が残されている。それは13世紀頃、サンチラーナ侯爵の建てた城にまつわる話だ。

ある日、当時のイスパニア王国の首都、トレドからマンサナレス・エル・レアール城に向かっていたサンチラーナ侯爵は、事故に巻き込まれ当初の予定よりもはるかに遅れながら馬車を走らせていた。

本来なら明るいあいだに城に到着の予定であった。しかし、サンチラーナ湖までたどりついた頃にはすでに日は落ちかかり、あまつさえ雷鳴までとどろきはじめていた。

先を急ぐ道すがら、侯爵は湖の前に奇妙な人影を見つけた。それは全身をずぶ濡れにした女性だった。見れば、身なりも顔つきも身分卑しきものとも見えない。そのまま放置することもできないので、侯爵はその女性を城まで連れて帰り、侍女に世話を命じた。そして、侯爵は夕食に彼女を誘うのだが、その美しさは彼の想像を絶するものであった。

アクワ・アギュールと名乗った彼女は、侯爵の熱愛を受け、城に逗留《とうりゅう》することになった。彼女の肌はきめ細かく美しかったが、ぞっとするほど冷たかったという。しかし、侯爵は気にもとめずにアクワを側に置きつづけた。彼女が城を去って自分の村に帰りたいといっても。

１週間ほどたったある日、侯爵の部屋に入った召使いは驚くべき光景を見た。ずぶ濡れのベッドの上で、侯爵がアクワの身につけていた肌着を抱きしめたまま冷たくなっていたのである。しかし、侯爵の死顔は苦痛も恐怖もなく幸福そのものであったという。

口さがない者たちは、この事件に対してこんなことを囁きあった。アクワはサンチラーナ湖の水の妖精だったのだろうと。

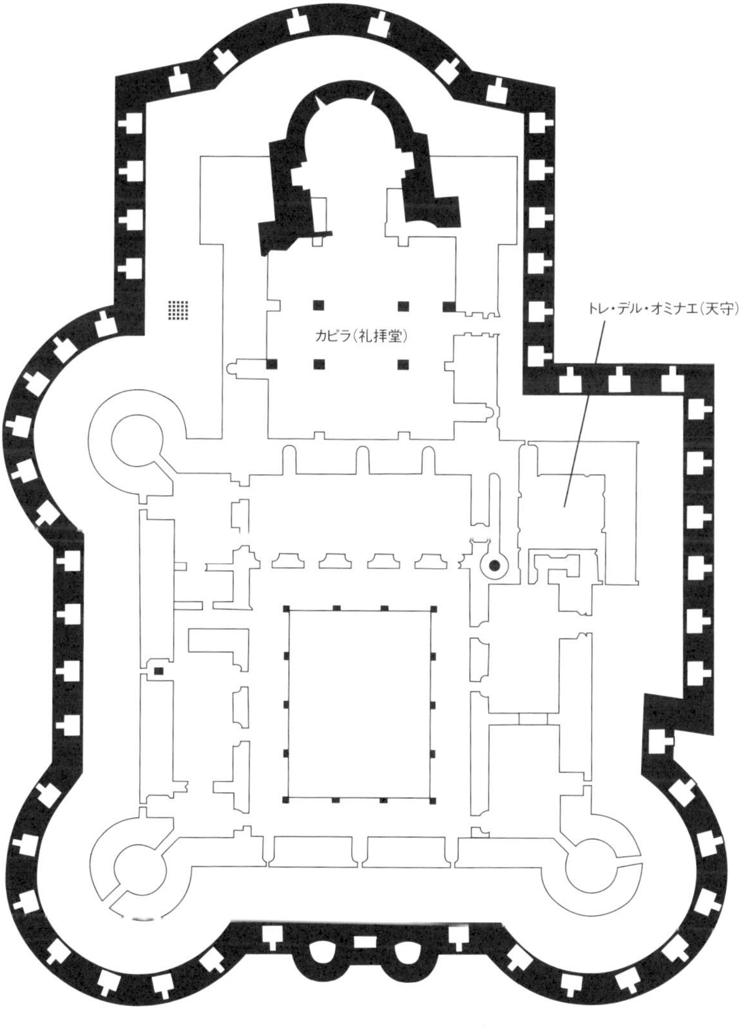

マンサナレス・エル・レアール城平面図

マンサナレス・エル・レアール城の設備

マンサナレス・エル・レアール城は、城主が去って以降しばらく放置されていたため、かなり荒廃していた。

しかし、近年の修復工事によってかつての特徴ある姿を取り戻している。

■主城部分

城の主城部分は四角形の城壁とその四隅にそびえる塔、城壁の中に設けられた中庭によって形成されている。このような形状はムデハール形式によく見られるものだ。

四隅の塔は円形で、東南側の塔のみ八角形で大型のものになっている。この八角形の塔が城の中心をなす「トレ・デル・オミナエ（天守）」だ。

これらの塔には花崗岩《かこうがん》を半球状に磨き上げてつくった丸石型装飾がはめ込まれている。非常に特異なこの装飾はマンサナレス・エル・レアール城の大きな特徴の1つだ。

■カピラ（礼拝堂）

マンサナレス・エル・レアール城も、他のヨーロッパの城と同じようにカピラ（礼拝堂）を備えている。

しかし、その形状は通常のものとは大きく異なっている。主城部分に隣接するように建てられていて、その大きさは主城部分とほぼ同等なのである。形状自体は通常の礼拝堂となんら変わるところはないが、非常時に際して主城部分と礼拝堂を分離するために、入り口は別に設けられていた。

このような形でカピラが設けられることは大変珍しく、大きな特徴となっている。

■城壁

城壁は典型的な2重城壁になっている。内壁は主城部分をすっぽりと包み隠すほどの大きさを持ち、上部に華麗な装飾が施された回廊を備えている。外壁は内壁の半分程度の高さしかなく、その上部にあるのは実用本位の矢狭間《やはざま》だけだ。

城壁にはその角となる部分が円形の塔のような形状になるように工夫されており、攻城兵器で壁を壊されるのを防いでいた。

丸石型装飾が特徴的な主城部分

コカ城

The Castle of Coca

建築年代	15世紀
所在地	スペイン

コカ城は1400年頃、セビリアの大司教アルフォンソ・デ・フォンセカにより築かれた城である。

ムデハール形式として見ても中東の雰囲気が強いのが特徴で、赤褐色の煉瓦《れんが》で組み上げられたコカ城は夕日に映えて大変美しい。このため、観光地としても有名である。

広大な平地上に建てられているのも大きな特徴といえるだろう。平地に広がる四角形を基調とした主城部分は同じ形をした3重の城壁で守られ、周囲は広い濠によって守られている。

主城部分と城壁にはそれぞれ四隅に塔が設けられているが、主城部分の北東の塔は特に大きな造りになっていてトレ・デル・オミナエ（天守）としての役割を与えられていた。これらの塔は八角形で、それぞれの面には防御能力を高めるために小型の塔が設けられている。さらに、主城部分の中央にはパチオ（中庭）まで造られていた。コカ城がこのような派手な外見を持つのは、設計から実際の作業まで、すべてムデハールの人々に任せたからだとされている。

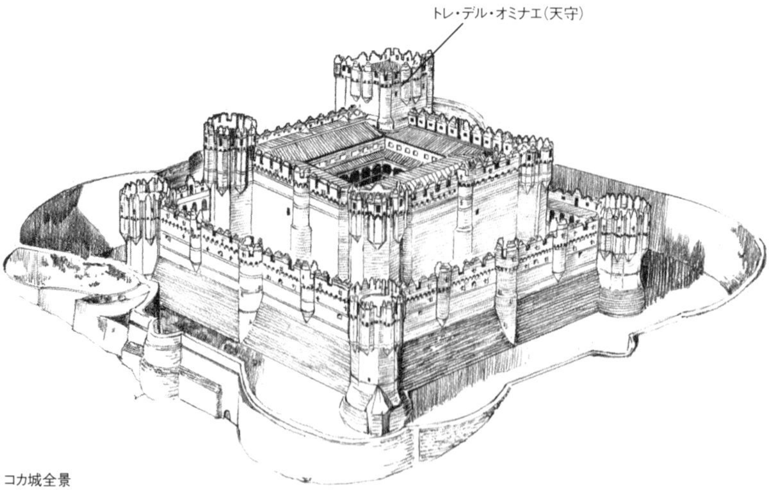

コカ城全景

アルマンサ城
Almansa Castle

建築年代	15世紀
所在地	スペイン

アルマンサ城は15世紀におこなわれたレコンキスタの後、イスラム教徒が建てた城跡に築かれた。

前身となった城は、レコンキスタにおいて重要な役割を果たした聖堂騎士団が治めていたものである。彼らは中東の文化に対して寛容であったため、もともと残されていた城を壊すことなく使用していたのだろう。しかし、1310年頃、イベリア半島を治めるイスパニア王室の所有となると、他のイスラム教徒が建てた城と同じく建て替えられることになった。

現在のアルマンサ城は馬背状に延びた立稜《りつりょう》の上に建てられているため、非常に細長い形状をしている。中央には四角形のトレ・デル・オミナエ（天守）が立ち、天守を中心にするようにして城壁が前後に延びている。城壁の両端には円形の塔が設けられ、天守から遠く離れた城の末端部分を守っていた。

アルマンサ城は王位継承問題においても重要な役割を果たした。ハプスブルク朝スペインの王カルロス２世（在位1665〜1700年）は病弱なうえに嫡子がなかったため、王の没後、婚姻関係にあるフランス、オーストリア、バイエルンなどの国が王位継承の権利を主張し、戦争（スペイン継承戦争）をはじめたのだ。結局、この戦いはフランスが勝利し、フェリペ５世が王位を継ぐことになったのだが、この戦争のさなかに起きた1707年４月25日の戦いでアルマンサ城は重要な拠点として用いられたのである。

細長い形状のアルマンサ城

column:

城の娯楽

現代社会は多くの娯楽に満ちている。ゲームにカラオケ、競馬やパチンコ、テレビにCDと、さまざまな娯楽の中から自分に合ったものを選択し、可能な限り楽しむことができる。もちろん読書だって自由だ。

では、中世の城主たちはいかなる娯楽に興じていたのだろうか。

彼らの選択肢は、残念ながら現代人ほど恵まれたものではなかった。もちろん権力を生かして現代人では実現不可能な淫蕩《いんとう》にふける者、小説『青髭』のモデルであるジル・ド・レーや、実在の吸血鬼として恐れられているエリザベート・バートリのような殺戮をおこなう者もいたが、大半の人間は当時楽しめる最低限の娯楽に興じていたのである。

中世の娯楽の中でも人気があったのは賭博だ。これにはチェスやサイコロ、カードなどが用いられていたが、熱中のあまり財産を失う者が続出、国王や司教から禁止令が出されることもあった。

そして、より若い世代に人気があったのはダンスである。大きな城になるとわざわざ楽団まで設けて踊りに興じていた。

また、ときおり訪ねてくる吟遊詩人や旅人の歌や談話、旅芸人の公演は、めったにないことだっただけに大いにもてはやされたという。

野外でおこなわれた娯楽としては、ボール遊びや狩猟、そして馬上試合が挙げられる。

ボール遊びは現代のボウリングに似た遊びなどがあったらしい。もっとも、当時の詩人はいい大人がボール遊びに興じていることを快く思わなかったらしく痛烈な批判が詩に書き残されている。

一方、狩猟は騎士たちが好んだ娯楽の1つで、遊びであるだけでなく軍事的な訓練でもあり、自分たちの武勇を示すまたとない機会でもあった。捕らえた獲物は食卓をにぎわす貴重な食料にもなった。この狩猟の中でも娯楽の極致とされたのは鷹狩で、神聖ローマ皇帝フリードリヒ2世（1215～1265年）は自ら指南書を著したという。

馬上試合は騎士の武勇を示す最良の機会であり、訓練としても娯楽としても優れていたが、なにしろ戦争同様の準備が必要で危険性も高かったので、より甲冑が進化した17世紀後半から最も華やかになった。

中東式城砦

主要分布地域：中東各国

登場年代：12世紀

中東式城砦は、イスラム教徒たちの手によって築かれた非常に堅固で防御能力に優れた城砦だ。

当時、エジプトを含めた中東地方には非常に優れた文明が栄え、建築技術も大変発達していた。中東全土を支配したイスラム教徒はこれらの技術を柔軟に吸収し、自分たちの知識や文明を発展させるために役立てていく。これは城砦などの建築技術も同様であった。そのため、彼らの築いた城砦は発展途上にあったヨーロッパの城砦より優れた防衛施設を持ち、十字軍として中東を訪れた兵士たちに多大な影響を与えることになるのである。

中東式城砦の特徴は、攻城兵器に対して強い耐性を誇る円を基調とした城壁と、その城壁を防衛するために設けられた多数の塔である。

塔の頂上には胸壁《きょうへき》が設けられ、敵兵の矢玉から守備側の兵士を守っている。

建材は乾燥した気候の土地であるため石や煉瓦《れんが》が用いられることがほとんどで、木材はごく一部の王宮や後年登場するイスラム式宮殿に用いられたくらいだった。

また、同時期のヨーロッパの城砦にはみられない美しいアーチが多用されている。

だが、これらの特徴はあくまで一般的なものであり、広大な中東地方の城はこれらの例に当てはまらないものが多いことも覚えておいていただきたい。

中東式城砦

アレッポ城

Aleppo

建築年代	12世紀	所在地	シリア

堅固なイスラムの城砦

アレッポ城は中東に残された城砦の中でも最も立派なものの１つであり、近隣住民たちの避難場所として長いあいだ使用されてきた防衛施設である。

紀元前10世紀、この地には新王国時代のヒッタイト人たちが信仰するハダド神の神殿が存在していた。さらに時代が下ると、天然の要害であるこの岩山にはローマ人の手による城塞都市も築かれている。

この城塞都市の跡地に着目したのがアイユーブ朝（1169～1250年）のスルタンの息子、ザーヒル・アルガジだった。彼はこの地に新たなる城砦を築き、国内外の敵対者に対する防衛の要としたのである。以降、アレッポ城はイスラム文化圏の城砦として数々の戦いを経験することとなった。

そうした戦いの中でアレッポ城は、1258年にはモンゴル人の激しい攻撃により破壊されたが1292年には再建。その後、チムールとの戦いで再度破壊されたが、オスマン帝国の手によって16世紀に復活を遂げた。

アレッポ城の城壁や防御施設の基本設計は、たび重なる修復や改修にもかかわらず、アイユーブ朝の時代と変わることはなく現在に至るまでその姿をとどめている。アレッポ城の基本的な設計が、いかに優秀であったかを示すことに他ならないだろう。

楕円形の表面を持つ城壁は東西300メートル、南北170メートルにおよび、42もの塔によって守られている。天守にあたる塔には巨大な橋を通ってしか入ることができず、この城砦の防御能力を格段に高めていた。

巨大な橋《きょう》梁《りょう》

天守に架かる巨大な橋はアレッポ城の最大の特徴といっても過言ではないだろう。高く狭いアーチによって支えられた橋梁は、城の入り口の役目を果たしている楼門から入ることしかできないうえ、数多くの防衛施設を備え、敵兵の侵入から城砦を守っていた。

この唯一の侵攻ルートにより、アレッポ城は常に難攻不落でありつづけたのだ。

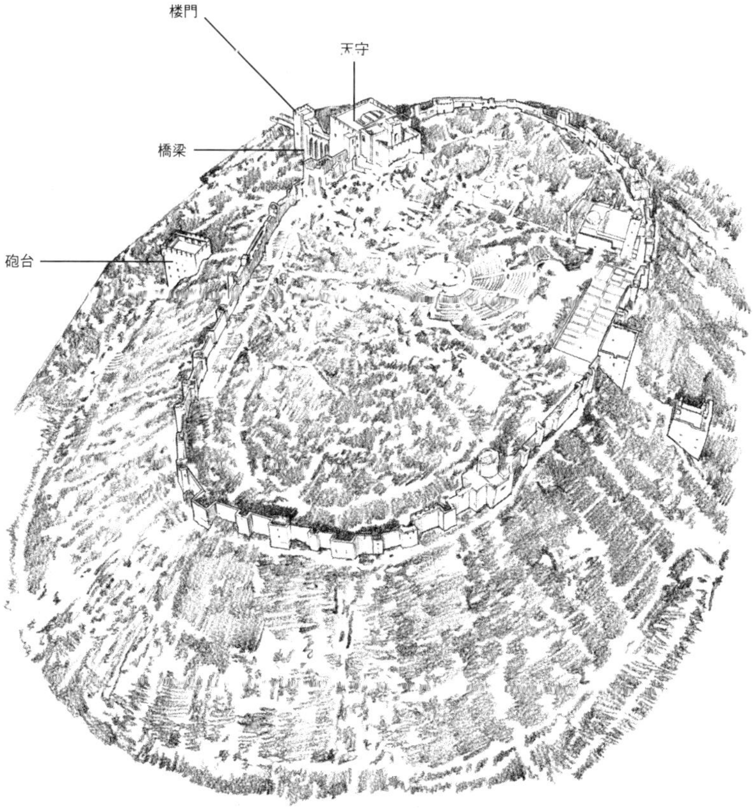

アレッポ城全景

アレッポ城の設備

アレッポ城は長い歴史の中で幾度となく破壊されているが、そのたびに修復され現在でもその偉容を誇っている。

■楼門《ろうもん》

入り口にあたる門。これ自体が塔のような形状を持つ防衛施設である。凸型の平面を持ち、頑丈《がんじょう》な石材によって築かれ、上部には兵士たちを守るための矢狭間《やはざま》を備えていた。

■橋梁《きょうりょう》

楼門と天守をつなぐ橋である。この城砦の最大の特徴であると共に強力な防衛施設だ。敵が城内に侵入するためには楼門とこの橋梁、そして天守を突破しなければならなかった。

アーチを2段に重ねたその形状は非常に美しく、芸術的にも非常に優れた存在となっている。

■天守

天守は四角形の巨大なもので、城門の役目も兼ね備えていた。中央部には巨大なアーチ状の通路があり、石落としなどの防衛施設を備えている。通路の門はすべて敵に向かって右側に開くようになっていた。これは、敵兵士が持つ盾を十分に使えなくするための仕掛けである。

そしてこれらの仕掛けを越えられたとしても、さらに複雑な構造を持った通路が待ち構えていた。

■砲台《ほうだい》

南東に設けられた砲台は15世紀に追加された施設である。

四角形を基調とし、守備側の兵士が敵兵を背後から砲撃するためのもので、数門の大砲が備え付けられていた。

楼門・橋梁・天守

巨大な砲台

ダマスカスの城砦

Damascus

建築年代	13世紀
所在地	シリア

シリアの首都・ダマスカスの旧市街の中心にある城砦は、1206年にアイユーブ朝の創始者サラディン（1138～93年）の兄弟によって建てられた。

東西に伸びた長方形の形状をした城壁は全周240メートル。北側にはバダラ川が流れ、濠《ほり》の役目を果たしている。城壁には12の塔と矢狭間《やはざま》が設けられていた。

これらの建物は、荒削りな切り出し石をそのまま積み上げて築かれており、アレッポ城などとくらべると粗野な印象を与える。

サラディンの城砦

建築年代	12世紀
所在地	エジプト

サラディンの城砦は1176年、エジプト・カイロの南にあるムカッタムの丘に築かれた堅固な城砦である。

兵士たちが駐屯する城砦とスルタンが住むための宮殿の２つに分かれていて、それぞれが専用の城壁を備えていた。

また、十字軍に対抗するために築かれた城壁は3.5メートルの分厚いもので、内部には塔と砲台が備え付けられている。

これらの施設を完成させるために、サラディンは数千ものキリスト教徒の捕虜と、ギザのピラミッドやアブー・セール地区のファラオの建造物から略奪した資材を用いたという。

東欧式城砦

主要分布地域：東欧
登場年代：15世紀

南北をバルト海と地中海ではさまれ、東西をロシア、トルコ、ヨーロッパによって囲まれている東欧は、その環境ゆえに非常に多くの文化圏からの影響を受けることになった地域である。

民族も多種多様であり、使用される言語もドイツ語のようにゲルマン系、ルーマニア語などのラテン系、さらにスラブ系の言語などさまざまで生活習慣や思想も大きく異なっていた。

各国の勢力争いや諸外国の介入によって支配者も年代ごとに代わり、宗教や文化がまったく違ってしまうこともあった。それは城砦の建築にもいえることで、各地方のそれぞれの地域によって様式や理念はかなり違っている。

さらに列強諸国の勢力がせめぎ合う土地柄から戦争と、それにともなう破壊が数多くおこなわれ、城が改修されるたびに建築様式が変わっていった。

もちろんヨーロッパ圏でも再建時の年代が違えば様式も変わっていくが、東欧の場合、年代ごとの進歩だけでなく他の文化圏の影響も強く受けているので、その変化が顕著に表れるのである。

東欧式城砦は一定の法則性や建築様式を持たない形式といえるだろう。

プラハ城

Pražský Hrad

建築年代	14世紀	所在地	チェコ

神聖ローマ帝国の首都

チェコ国内を流れるブルタバ川（ドイツ語名でモルダウ川）の西岸にある小高い丘の上にそびえるプラハ城。堂々たる風貌を持つこの城は、神聖ローマ帝国皇帝のカール4世（在位1347〜78年）の治世に築かれた城砦である。

原型となる城砦が建てられたのは9世紀頃で、この地に栄えたボヘミア王国の居城として使われていた。しかしたび重なる戦火によって13世紀には廃墟と化していたという。

改修増築し、今のような城に整えたのがカール4世だったのである。彼はプラハを帝国の首都に決めると、ドイツやイタリアの名だたる建築家を呼び寄せ、華

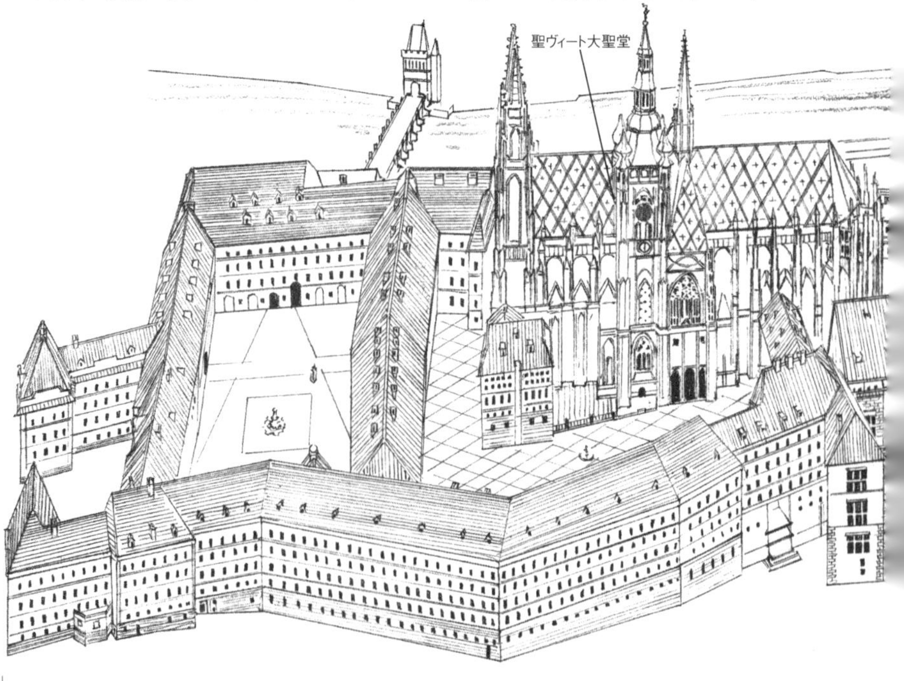

麗なる王宮を築き上げた。

城壁に囲まれた広大な敷地には、王宮や修道院が立ち並び、その周囲に広がる都市までもが堅固な城壁に守られていたのだ。

暗黒時代

しかし、この壮麗なプラハ城はヨーロッパのほぼ中央に位置していたがゆえに、さまざまな戦火に巻き込まれていくことになる。宗教や言論、思想の対立が起こるたびに、それらの戦乱と弾圧の舞台として使用されていったのだ。

例えば17世紀前半にはカトリックとプロテスタントの対立から、当時この城を治めていたハプスブルク家の国王参議官であったヴィレーム・フルム・スラヴァタ、ヤロスラフ・ボジタ・マルティニッツ両伯爵と書記官１人が国王執務室から窓の外に投げ出されたプラハ城窓外放擲事件が発生、後のドイツ三十年戦争（1618～48年）の引き金ともなっている。

プラハ城がこのような歴史から解放されるのは、チェコの民営化が進んだ20世紀に入ってからのことだった。

プラハ城全景

プラハ城の設備

プラハ城の現在の姿は、どちらかといえば城というよりも王宮に近いものだ。いくつかの施設のみ城砦らしいたたずまいを現在に残している。

■旧王宮

16世紀まで城の中心であり、歴代の王たちが使用していたのがこの旧王宮である。

王宮の中にある「ヴラディスラフホール」は、縦62メートル、横16メートル、高さ13メートルの巨大なホールだ。アーチ状の天井に肋骨《ろっこつ》のような梁《はり》がめぐらされており、大変印象深い造りになっている。騎士の馬上競技や戴冠式《たいかんしき》といった国家的行事に使用され、現在でも大統領選挙がおこなわれているという。ホールの奥には礼拝堂が設けられている。

■聖ヴィート大聖堂

城の中心にそびえる聖ヴィート大聖堂は、奥行き124メートル、幅60メートル、棟《むね》の高さ96.6メートルの巨大な聖堂だ。

930年の建築時には円筒形のシンプルな教会にすぎなかったが、1344年ゴシック調の建物に改築されている。しかし、工事はなかなか進まず、完成したのはなんと20世紀に入ってからであった。

■ダリボルカ

城砦としての雰囲気を残す塔は、中世の頃、牢獄《ろうごく》として使用されていた施設である。ダリボルカの名前は、ここに幽閉されていたバイオリンの名手でもあった騎士ダリボルから取られたものだ。

■火薬塔

弾薬庫として利用されていた施設。内部は4層構造になっているが、入り口は一般的なキープ（天守）と同じように2階に設けられている。

現在は、ルネサンス期の化学実験に用いられた道具が展示されている。

■黒塔

12世紀前半に建てられた黒塔は、ゲートハウス（防衛用の門）として築かれたものだが、14世紀の改築後はダリボルカと同様に牢獄として使用されていた。

スピシュ城

Spissky Hrad

建築年代	13世紀
所在地	スロバキア

中央ヨーロッパ最大の城であるスピシュ城は、13世紀ヨーロッパ地方に大打撃を与えたモンゴル人の襲撃に備えて築かれた大城砦だ。

モンゴル人の脅威が去った後も、この城砦は戦略的な要所として扱われ、増改築が繰り返されている。

15世紀から16世紀には、イタリアから伝わったルネサンス、バロック様式も取り入れられているが、1780年の火災によって廃墟となってしまった。

現在、かつての姿を取り戻すべく改修が進められてはいるが、今のところは廃墟のままである。

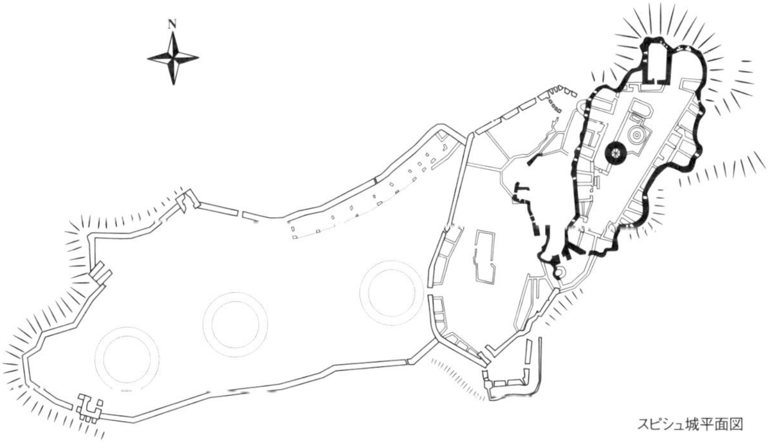

スピシュ城平面図

スピシュ城遠景

ヴァヴェル城

Wawel Castle

建築年代	16世紀
所在地	ポーランド

ポーランドのクラクフ旧市街の南、ヴィスワ河のほとりにそびえるヴァヴェル城は、歴代ポーランド王の居城として名高い。

ヴァヴェル城は元来、11世紀に建てられた古い時代の城砦であったが、1499年火災でその大半が焼失してしまった。しかし、16世紀初頭のジグムント１世（在位1506～29年）がフィレンツェの建築家フロレンチクとベレッチを招き、1502年から34年間をかけて再建、この城砦をルネサンス様式と旧来のゴシック様式を組み合わせた見事な芸術作品へと生まれ変わらせている。特に黄金に輝く大聖堂、ジグムントチャペルと美しい中庭、そして王宮はポーランドにおけるルネサンス様式の最高傑作と呼ばれているほどだ。

なお、この城は現在観光の名所として親しまれており、その美しさを存分に鑑賞することができる。

ムガル式城砦

主要分布地域：インド
登場年代：16世紀

ムガル式城砦は、イスラム式建築技術とインド古来の建築技術が融合した、インド独特のイスラム建築とでもいうべき様式だ。

インドの建築物であるにもかかわらずイスラム建築の影響が強いのは、中世以降のインドにおいてイスラム教が主要な宗教になったことに起因している。

イスラム教徒は8世紀頃からインドへの侵攻をはじめ、13世紀の初頭からはデリーを首都とするイスラム政権が北インドを支配していた（デリー・サルタナットといわれる）。本来、イスラム教では動物や人間の偶像化が禁じられていたが、イスラム教が他宗教に対して寛容だったために偶像をふんだんに使ったインド的建築も生き延びることとなる。

これらの下地が花開き、華麗なムガル建築を生み出したのは16世紀のことだ。その特徴としては左右対称を基調とした建築物であることと、石造であるにもかかわらず、木造的な原理で建てられているという2点が挙げられるだろう。

特に木造建築的な柱《はしら》と梁《はり》で構造をつくる軸組《じくぐ》み工法は、インド古来から伝わるヒンドゥー建築の影響を強く受けたもので、他のイスラム圏では見ることのできない独自の様式美を生み出した。

ムガル式城砦

アーグラ城

Agra Fort

建築年代	16世紀	所在地	インド

赤い城

ニューデリーから南南東へ200キロメートルほど下ったアーグラの地、そこを流れるヤムナー川の西岸には赤《せき》砂《さ》岩《がん》で築かれた堅固な城砦が立っている。

この城砦こそ、ムガル帝国の礎をつくった第3代皇帝アクバル（大帝）ことジェラール・アッディーン・ムハンマド（在位1556～1605年）が築いたアーグラ城だ。

この地に立てこもっていたヒンドゥー教徒の城砦を破壊して築かれた城は、長さ約2.5キロメートルの2重城壁によって囲まれ、内部にはモスク（礼拝所）やバザール（市場）といったイスラム的な建築物がある。また各所にはヒンドゥー系の建築に見られる美しい彫刻が施されていた。これは、ムガル帝国が本来イスラム系の王朝でありながら、現地の文化を積極的に取り入れていった証拠といえるだろう。

この政策を推進したのが他ならぬアクバル帝であり、アーグラ城もこの独自の建築様式を試みるために建設されたものなのである。

もっとも、アクバル帝は実戦重視の設計によるこの城の居住性の悪さを嫌い、建設半ばにして1571年にファテーブル・シークリーに遷都してしまう。そのため、アーグラ城が現在のような華麗かつ堅固な城砦となるには、彼の孫シャー・ジャハーン（第5代。在位1628～58年）の登場を待たなければならなかった。

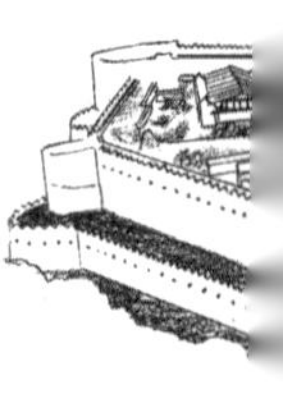

タージ・マハールを見つめて

アーグラ城を完成させたシャー・ジャハーンは、有名なタージ・マハールを築いた人物としても知られている。インド・イスラム建築の傑作とされるタージ・マハールは、彼の最愛の妻ムムタージ・マハルのために建てられた巨大な霊廟で、いわば彼の愛の結晶であった。

タージ・マハールの完成後、シャー・ジャハーンは自分のための霊廟も築き、そこから妻の墓へとつづく壮大な橋をかける計画を立てていたが、その計画は日の目を見ずに終わってしまう。

なぜなら彼は、自分の息子であるアウラングゼーブ（第６代。在位1658～1707年）によって帝位を奪われ、アーグラ城に幽閉されてしまったからである。自分の作品ともいえるアーグラ城に閉じ込められた彼は、タージ・マハールを遠目に見ながらその晩年をすごしたという。死後、彼の遺体は息子の最後の好意によって愛する妻の隣に埋葬された。

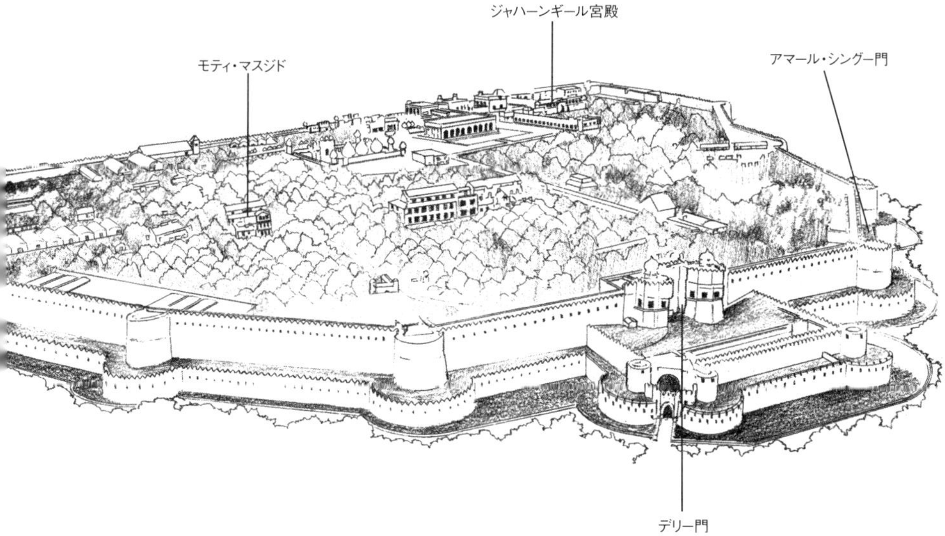

アーグラ城全景

アーグラ城の設備

アーグラ城はその設備をほぼ完璧な形で残している。現在でもインド観光の目玉の1つとして多くの人が訪れる。

■ジャハーンギール宮殿

シャー・ジャハーンの名を冠したジャハーンギール宮殿は、ムガル式城砦の特徴が最もよくでた建物だ。

左右対称の建物正面の両端にはイスラム的なチャトリ（尖塔《せんとう》）が立ち、白大理石で象眼《ぞうがん》された壁面にはヒンドゥー的な彫刻が施されている。

■城壁

この城の印象を強烈なものとしている真っ赤な城壁は、高さ12メートルの外壁と高さ21メートルの内壁で構成されている。城壁には矢狭間《やはざま》や円塔が数多く設けられ、外敵の侵入に備えていた。

外壁はシャー・ジャハーンの息子アウラングゼーブによって建てられたもので、外壁と内壁のあいだに虎を放って敵の侵入を防いでいたといわれている。

■アマール・シングー門

現在、アーグラ城を観光客が訪れる際に使われているのがアマール・シングー門である。

ヨーロッパで見られるような跳ね橋が仕掛けられていて、敵が攻めてきたときに橋を上げることで門を閉ざし、敵の侵入を防ぐことができた。

この城門には1つの伝説が残されている。

その昔、アマール・シングーという貴族が、シャー・ジャハーンを眼前で侮辱した罪で衛兵に追われていた。

彼は馬に乗ったまま城門の上まで追い詰められ、そこから飛び降りたが馬だけが死に彼は無傷だったという。

そこでシャー・ジャハーンは彼の豪勇をたたえその名を門につけたという。

■モティ・マスジド

白大理石で造られたこのモスクは、アーグラ城の最もイスラム的な部分といってもいいだろう。屋根を飾る無数のドームは大変美しく、この建物には「真珠モスク」という異名が与えられているほどである。

なお、この建物は一般には公開されていない。

アマール・シングー門

デリー城（ラール・キラー）
Red Fort (Lal-Qila)

建築年代	17世紀
所在地	インド

ラール・キラー（赤い城）と呼ばれるデリー城は、ムガル帝国第5代皇帝シャー・ジャハーン（在位1628〜58年）によって1639年から9年の歳月をかけて築かれた城である。

アーグラ城と共通する赤い外観は、この地方一帯で産出する赤砂岩《せきさがん》を使って建築されているためだ。

ジャムナー（ヤムナ）川沿いに建てられたデリー城は、その東北から東側をジャムナー川の流れによって守られているため、西側と南側のみを高い城壁で囲んでいる。さらに城壁は、深い濠によって守られているので敵が侵入することは容易ではなかっただろう。

しかし、これほどの防衛設備を備えていたにもかかわらず、1739年にはペルシャの軍勢の前に陥落。接見の間から孔雀《くじゃく》の彫刻を施した玉座を略奪されている。

インダス文明の古代城砦

主要分布地域：インド
登場年代：紀元前4000年頃

この項目に分類される城砦は、四大文明の1つであるインダス文明の人々によって築かれたものだ。

インダス文明は強力な王の権力によって率いられていたのではなく、神官統治による比較的民衆主体の政治体制が取られていたと考えられている。このため、彼らの築いた城砦や都市には王の権力を示すような巨大なモニュメントは設けられていない。同様に、装飾などの芸術性よりも秩序や機能性を重視していたようで、遺跡として残された建物は堅実で簡素なものになっている。日干し煉《れん》瓦《が》や焼き煉瓦によって造られていて、現代の街と同じように整備された街並みを見せていた。

さらに、彼らの特徴として挙げられるのは公共性と衛生面の発達だろう。遺跡の大半には発達した下水道がある。ダストシュートが設けられているところもあったという。

インダス文明の古代城砦

モヘンジョ・ダロ

Archaeological Ruins at Moenjodaro

建築年代	紀元前4000年頃	所在地	パキスタン・イスラム

インダス文明の遺産

現地の言葉で「死者の丘」という意味を持つモヘンジョ・ダロは、古代インドで起こったインダス文明が残した壮大なる遺跡である。

西の城砦地区と東の市街地区を持つこの都市は、いくつかの区画に分けられ、各区画には同じ職業の人々が集まって住んでいた。

建物は無駄な装飾を一切省いた無骨なもので、機能性のみを追求していたようである。ほとんどの建物は数階建てで中庭を持ち、その周りに台所と居間、浴槽などを備えている。これらは公共下水道につながる排水施設を備えていたという。

しかし、このように優れた都も紀元前1800年頃から廃れていってしまう。はっきりとした原因はわかっていないが、インダス川の流れの変化により塩害が起こり、食料の生産ができなくなったためだと考えられている。

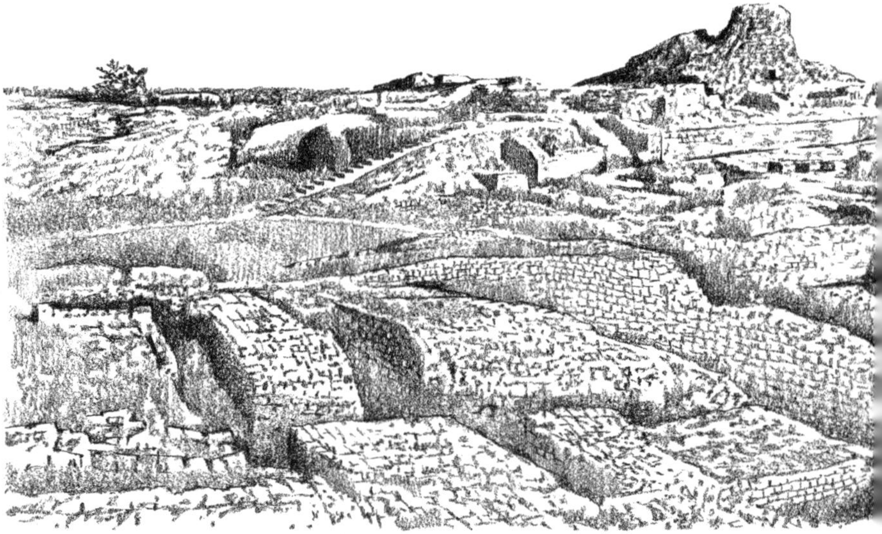

モヘンジョ・ダロ遠景

偶然の発見

モヘンジョ・ダロの発見は、非常に偶発的で皮肉なものだった。

19世紀、東インド鉄道の建設にあたったイギリス人技師ジョン・ブラントンとウィリアム・ブラントンの兄弟は、レールを引くために必要な敷き砂利《じゃり》の調達に頭を悩ませていた。

ところがこのジョンの悩みは、ほどなくして解決する。線路の建築予定地の近くにあった古代の遺跡から焼き煉瓦《れんが》を持ち去り、これを砂利の代わりとして使ったのだ。

弟のウィリアムも同様に遺跡を破壊して砂利を調達したが、このとき、わずかばかりの遺物も掘り出していた。

この発見により、近隣の遺跡に対する関心が持ちあがり、イギリスから送りこまれた調査団がモヘンジョ・ダロを発見することになったのである。

モヘンジョ・ダロの設備

モヘンジョ・ダロは城砦地区と市街地区の2つの遺跡で構成されている。城砦地区は東西150メートル、南北270メートル、高さ10メートルの煉瓦《れんが》で造られた丘の上に立っている。以下に紹介するのは、この城砦地区の中にある施設である。

■大浴場

モヘンジョ・ダロ城砦地区で最も異彩を放っているのが大浴場だ。

全長13メートル、幅8メートル、深さ3メートルの大水槽のような施設は、焼き煉瓦で造られていて内部を天然のアスファルトで覆い、水漏れを防いでいる。水槽の横には、排水施設の整った個人的な沐浴《もくよく》施設と見られる部屋が8室用意されていて、それぞれ2階建てになっていた。

大浴場とはいわれているものの、使用法については諸説あってワニを飼っていたという説もある。

■穀物倉

大浴場の西に位置する穀物倉は、年貢として納められた穀物を保存したり、物品交換の中心として銀行のような役割を果たしていたと見られる施設だ。

焼き煉瓦の土台は東西46メートル、南北23メートル。その上に立つ倉は木造であったと考えられている（現在、倉の建物は残されていない）。

モヘンジョ・ダロ平面図

ハラッパ

Archaeological Ruins of Harappa

建築年代	紀元前2500年頃
所在地	パキスタン・イスラム

ハラッパはモヘンジョ・ダロの発見のきっかけとなった遺跡群だ。遺跡の構成もモヘンジョ・ダロと同じで、焼き煉瓦《れんが》で築かれた城砦地区、居住地区の２つからなっている。

城砦地区には東西200メートル、南北400メートルの平行四辺形の城壁が設けられていて、内部にはいくつかの施設が存在していた。

城砦地区の北側には、労働者の長屋と呼ばれる２列に並んだ長方形の住宅が設けられている。

そして、その側には６棟の２列に並んだ穀物倉庫が並んでいた。

さらに、この２つの施設のあいだには焼き煉瓦の作業台も設けられていたようである。

しかし、前述した東インド鉄道の業者ウィリアム・ブラントンによってこれらの遺跡の大半は破壊され、線路を敷くための砂利《じゃり》にされてしまった。

fortification

都　城

主要分布地域：中華人民共和国
登場年代：紀元前2000年頃？

都城《とじょう》は中国の長い歴史の中で築き上げられた独自の城だ。

国の首都もしくは政治的な中心地を城壁で囲い込んだ城砦で、同時期に誕生した中東の古代城壁都市と類似したスタイルを持っている。

現在見つかっている最古の都城は殷王朝のもので、高さ4～9メートル、幅6メートルにもおよぶ土の壁を備えていた。

「版築《はんちく》」と呼ばれるこの土の壁は、都城の主な防衛施設であると同時に大きな特徴だ。版築は土を突き固めてつくった壁だが、雨などの侵食に弱いことを除けば堅固で特に欠点は見あたらない。コストも安いので、煉瓦《れんが》による補強を加えて長く用いられた。

版築に代わる石の城壁が用いられるようになったのは14世紀、明《みん》の時代からだ。これは西洋のものとは違い、石で組まれた城壁の内側に、くだいた煉瓦や小さな石を積め、漆喰《しっくい》と煉瓦で塗り固めたものであった。

また、材料以外にも「甕城《かめじろ》」と呼ばれる櫓《やぐら》のような施設や、「馬面《ばめん》」という城壁に取り付いた敵を攻撃するための突出部などがつくられている。

また、城内にさらに城砦を設け、最終的な防衛施設として用いることもあったようだ。

中国は諸外国からの侵略を受けることが少なかったためか、都城は改良を繰り返しながら20世紀の清《しん》の時代まで用いられていた。

なお、中国にはこの都城をより小規模にして、地方統治のための拠点とした「群城《ぐんじょう》」なども存在している。

漢魏洛陽城

Han wei luo yang cheng

建築年代	3世紀頃	所在地	中華人民共和国

後漢《ごかん》の首都

中国の都城《とじょう》は国家の首都としての役割を果たしており、同じ地方の同じ名前の城でも、年代ごとに大きさや設備、時には建築されている場所までが変わってしまうことが多かった。

これから紹介する漢魏洛陽城《かんぎらくようじょう》は、いくつかある洛陽城（ルオヤン城）の中でも後漢《ごかん》から三国の魏《ぎ》・西晋《せいしん》(25〜316年)にかけて歴史の重要な舞台となった城砦だ。

洛陽城はもともと、周《しゅう》（前11世紀〜前771年）の時代に誕生した歴史のある古城であり、周の滅亡後は河南《かなん》県を治めるための拠点として利用されていた。この城が都城となったのは後漢の初代皇帝・光武《こうぶ》帝（在位25〜57年）の遷都《せんと》からのことで、それ以降中国の政治的中心地として栄えていくことになる。

洛水《らくすい》の北側のほとりに築かれた漢魏洛陽城は、「版築《はんちく》」と呼ばれる土造りの城壁で守られていた。その規模は北側約3.7キロメートル、東側約3.89キロメートル、西側約4.2キロメートル、南側約2.4キロメートル（推定）、基部の厚さは実に13〜14メートルもある実に巨大なものである。

これらの城壁に守られた城の中心部には、光武帝と子の第２代明《めい》帝（在位57〜75年）によって造営された宮殿がそびえ、彼等の権力のほどを誇示していた。

また魏の時代には三国時代の立役者である英雄曹操《そうそう》の息子、文《ぶん》帝・曹丕《そうひ》の再建整備によって、金墉城《きんようじょう》と呼ばれる防衛施設が城の北側に設けられている。この南北約1キロメートル、東西255メートルの建造物は、曹操が鄴《ぎょう》城に築いた冰井《ひょうせい》、銅雀《どうじゃく》、金虎《きんこ》の3つ台を参考にして造られており、非常時に兵を配置するために用いられたらしい。

また城壁の側面には、兵を配置して城外の敵を攻撃するための馬面《ばめん》（突出部）が７つ追加され、その防御効果を高めていた。

こうして形成された漢魏洛陽城は、後の北魏《ほくぎ》（386〜534年）の時代まで改修を加えられながら使用されたが、現在では土の下に埋もれてわずかな遺構を残すのみとなっている。

三国志の舞台

漢魏洛陽城は、日本でもよく知られている『三国志』の序盤における重要な舞台となっている。

後漢《ごかん》末期、国政は十常侍《じゅうじょうじ》と呼ばれる宦官《かんがん》たちに牛耳られ、国家は乱れに乱れていた。洛陽城はその十常侍たちの暗躍する舞台に他ならず、賄賂や汚職の温床となり、市民は常に苦しい生活を強いられていた。

この事態を憂慮《ゆうりょ》した一部の将軍や高官は、十常侍たちを誅殺《ちゅうさつ》するべく各地から武将を招き寄せる。十常侍たちは倒されるが、事態はより深刻な方向に傾いていった。誅殺に参加した武将の１人である董卓《とうたく》が幼い皇帝を捕らえ、その威光を笠にさらなる暴政をおこなうようになったのだ。

この行為は、各地の武将の反感を招き、名門の出である袁紹《えんしょう》を中心とした反董卓連合軍が結成されることになる。この中には後に三国時代を築き上げる曹操《そうそう》や劉備《りゅうび》などもいた。

連合軍の攻撃により、追い詰められた董卓は洛陽城を焼き払うと、前漢の都であった長安《ちょうあん》へと逃げこんでしまう。こうして洛陽城は壊滅状態に陥り、しばらくのあいだ歴史の表舞台から姿を消すことになった。

洛陽が歴史の表舞台に戻るのは、前述の文《ぶん》帝（曹丕《そうひ》）の手による再建の後のことである。

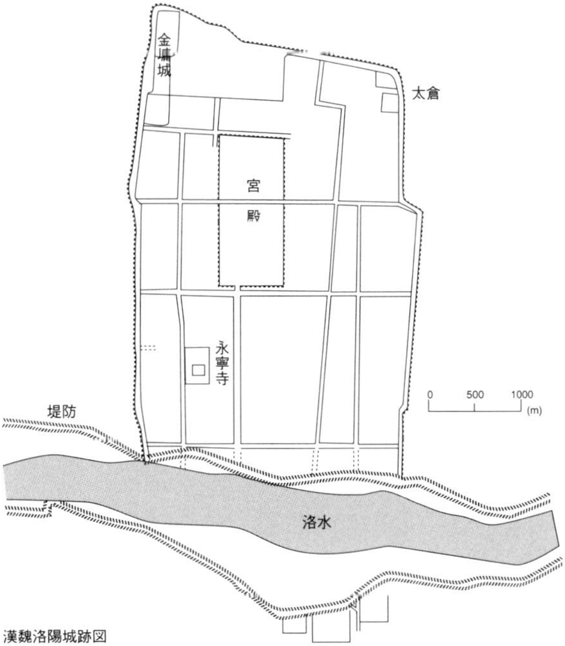

漢魏洛陽城跡図

前漢長安城

Han chang an cheng

建築年代	紀元前202年頃
所在地	中華人民共和国

前漢長安城《ぜんかんちょうあんじょう》は漢《かん》の高祖《こうそ》・劉邦《りゅうほう》（在位前202〜前195年）が築いた都城《とじょう》だ。

漢王朝設立当初、劉邦は洛陽《らくよう》に都城を定めるつもりでいたという。しかし、防衛上の問題から天然の要害を有する長安を選ぶことになったらしい。

高い版築《はんちく》の壁と広い濠に囲まれた城内には長楽《ちょうらく》宮や未央《みおう》宮、桂宮、北宮、明光《めいこう》宮などがひしめくようにして立ち並び、敷地面積の実に3分の2を占めている。さらに、長楽宮と未央宮のあいだには皇帝の軍の兵装を収めるための武器庫があった。

なお、この豪奢な宮殿群の建築についてはおもしろい逸話が残されている。

長安城がまだ建築中の紀元前201年、劉邦は北方の匈奴《きょうど》に対して攻撃を仕掛けたものの、匈奴の有する騎馬兵団に敗れ、あわてて長安に逃げ帰ることとなった。ところが長安では、敗戦のことなど気にもとめぬかのように宮殿の建築が進められていたのである。

劉邦はこんな時に悠長に宮殿など造っている場合かと、建設の責任者だった蕭《しょう》何《か》を責めたが、蕭何はこんな時だからこそ華麗な宮殿を築き、天子の威光を知らしめるべきだと説いた。

結局、作業はつづけられ、多くの宮殿が造られることとなったのである。

なお、前漢長安城も漢魏洛陽城と同じく現在では遺構しか残されていない。

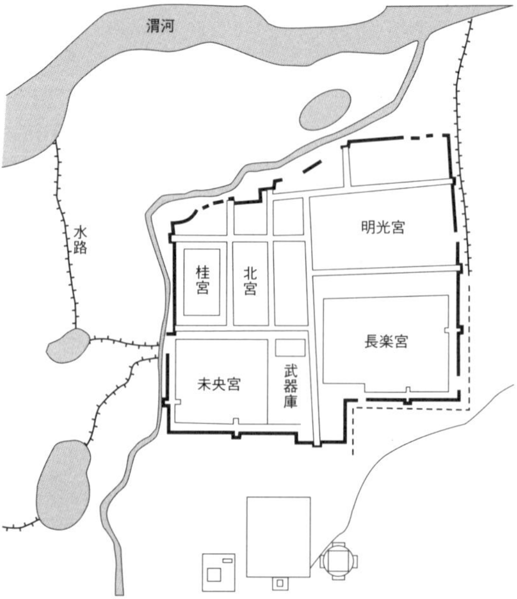

前漢長安城跡図

南朝建康城

Nan chao jian kan cheng

建築年代	4世紀頃
所在地	中華人民共和国

南朝建康城《なんちょうけんこうじょう》は晋《しん》が南遷《なんせん》(317年)した後(東晋《とうしん》)に都城《とじょう》となった城砦である。

もともとは三国時代、呉《ご》の孫権《そうけん》(在位222〜252年)によって築かれた建業《けんぎょう》(南京《なんきん》)の城を利用したものなのだが、他の都城とはまったく違う変わった造りになっていたらしい。

なんと、城の主要な防衛施設であるはずの城壁が、竹で造られていたのである。さすがにこれでは危険だと判断したのかどうかは不明だが、城壁の外側には石頭城、西州城、東府城と呼ばれる砦《とりで》が造られ、中央部に位置する宮殿には、かなり重厚な壁が設けられていた。

しかし、これらの防衛施設があったところで、肝心の城壁が竹ではたいした効果は望めなかっただろう。事実、建康城は戦のたびに宮殿近くまで敵軍に攻めこまれていたようだ。都城の中で生活している民衆にとっては、いい迷惑だったに違いない。

なお、このような状態は、明《みん》代(1368〜1644年)にしっかりとした城壁が築かれるまでつづいたという。

長城

主要分布地域：中華人民共和国
登場年代：紀元前500年頃

長城は、春秋戦国時代の中国に現れた巨大な城壁とでもいうべき城砦だ。

これらの長城群が誕生した背景には、鉄の鋳造などの技術革新と周《しゅう》王朝（前11世紀～前771）の凋落があるといえるだろう。

この時代に開発された鉄の鋳造などの技術革新は、食糧の増産や人口の増加などの経済的な発展をもたらし、当時の社会構造自体も変えていった。そして、各国の諸侯に権力を望ませるのに十分な国力や兵力をもたらした。

その結果周王朝は崩壊し、中国は互いに覇権を争う７つの国に分裂していった（戦国の七雄といわれる）。この７つの国、韓《かん》、楚《そ》、斉《せい》、魏《ぎ》、趙《ちょう》、燕《えん》、そして秦《しん》は互いの侵略、そして北方の異民族から自分の領土を守るために防壁を築いていく。

それは、最初都城《とじょう》に収まりきらない農耕地を守るためのものだった。しかし、それぞれの国の領土拡大につれ次第に大規模なものとなっていく。こうして誕生したのが長城である。

最初の長城は土を突き固めた版築《はんちく》や、石を簡単に積み上げたものだったが、万里の長城として連結されて以降は、煉瓦《れんが》で強化したり、本格的な石造りのものも築かれた。

それ以降の長城には「城《じょう》」、「堡《ほ》」、「障《しょう》」、「墉《こう》」が設けられている。

「城」は兵力の駐屯所で、天守となる城楼《じょうろう》を備えていた。「堡」は「城」の小規模なもので狼煙台《のろしだい》を備えている。「障」も兵上が駐屯する施設だが戦闘に用いられることが多く、文官のような管理職はいない。最後の「墉」は見張り台兼狼煙台として使用されている。

万里の長城

Wan li chang cheng

建築年代	紀元前221年頃	所在地	中華人民共和国

世紀の巨大建築

万里の長城は人類史上例を見ない巨大建築であり、宇宙からでも確認できる唯一の建造物だ。テレビや書物などでもよく取り上げられており、特に城などに興味を持たない人でも思い浮かべるのはたやすいだろう。

この城砦は秦《しん》の始皇帝《しこうてい》（前221～前210年）が、北方から攻めこんでくる匈奴《きょうど》や東胡《とうこ》といった異民族に対抗するために築いたものだとされている。しかし、万里の長城は始皇帝１人が造ったわけではない。彼はもともと存在していた長城を補強、強化したにすぎないのだ。

万里の長城の原型は、秦による統一国家が誕生する以前の戦国《せんごく》時代、互いに覇権を争っていた韓《かん》、楚《そ》、斉《せい》、魏《ぎ》、趙《ちょう》、燕《えん》、そして秦の７国がそれぞれの辺境地区や国境線を守るために築いた長城とされている。

これらの長城はそれぞれ数百キロメートルにもおよぶ長大なものだったという。

その後、秦が他国を併呑《へいどん》し統一王朝を築き上げると、残った警戒するべき相手は北方から攻めこんでくる異民族のみとなった。そこで、始皇帝は秦、趙、燕の３国が北方辺境に築いた長城を連結させ、北方に対する守りとしたのである。以降、万里の長城は中国の北方の守りとして長く用いられていくことになった。

なお工事には、30万人の兵士とそれを上回る人数の労働者が従事したという。

漢の時代の長城

秦につづく漢《かん》代においても、万里の長城はさまざまな補修、増設工事がおこなわれその規模を大きくしていった。

工事の主な目的は北方、および西域を往来する黄河以西の交通路の防衛を一段と強化することだった。漢の歴史を記録した『漢書《かんじょ》』にも「秦の時代の要塞を再び修繕し、黄河を利用して守りを固めた」と記載されている。

こうして漢の人々は万里の長城を西の玉門関《ぎょくもんかん》と呼ばれる関所まで延長し、「敵台」と呼ばれる見張り塔と「狼煙台《のろしだい》」を設け防御を固めたのだった。もちろん、これらの工事は決して容易なものではなく、長期間におよぶ苛酷な労働のため、数多くの人々が命を落としていったといわれている。

明代の大改修

万里の長城は、宋《そう》代（960〜1279年）までのあいだ、北方の異民族に対し、効果を上げていたようだ。また、その長大な姿は中国本土に住む人々に、絶対的な信頼を持って受け入れられていたのである。

しかしその信頼は、強力な軍事力を持った女真《じょしん》族やモンゴル人の侵攻によってもろくも崩れ去った。彼らの攻撃の前に万里の長城は用をなさず、中国の国土は蹂躙《じゅうりん》された。

特にモンゴル人は中国全土を制圧し、独自の王朝である元《げん》（1260〜1368年）を建ててしまった。もっとも、この元王朝はその苛烈な支配によって民衆の反発を強め、100年ほどで滅んだ。

次代の明《みん》王朝（1368〜1644年）の人々（漢民族であった）は元による支配を教訓とし、国家を挙げて万里の長城の再建に乗り出していく。彼らは簡単なジャッキや手動のウインチなどの道具を発明していたため、石材や煉瓦《れんが》をふんだんに用いた建築をおこなうことができた。

こうして完成した万里の長城は、実に7300キロメートルにもおよぶ巨大城砦となったのである。

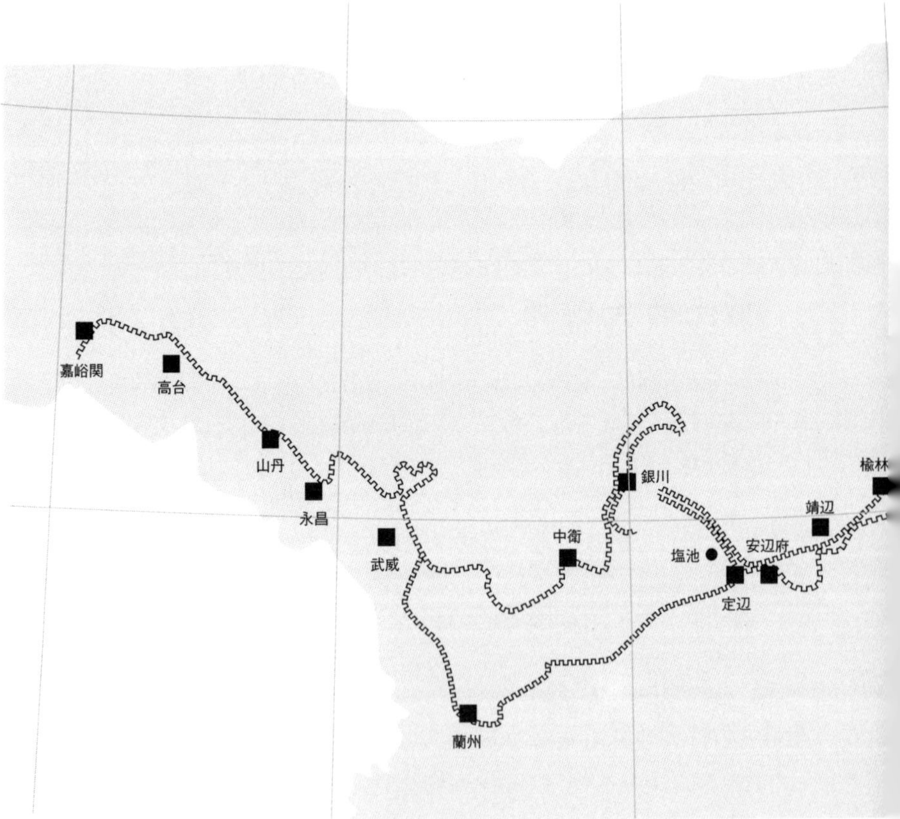

万里の長城地図

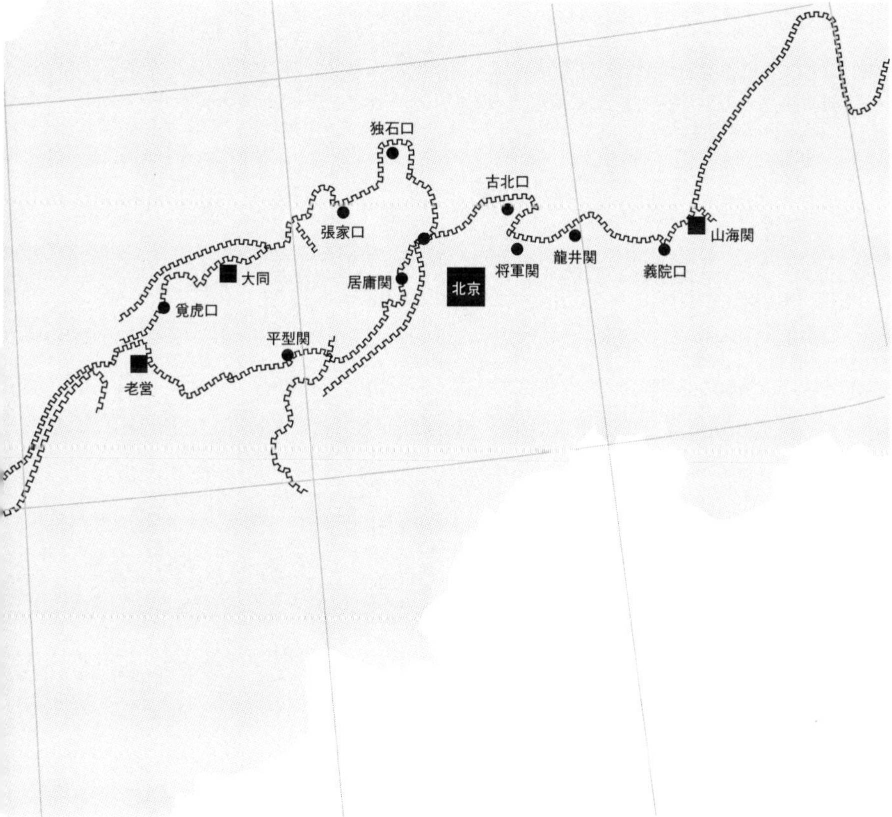
独石口
古北口
張家口
山海関
龍井関
将軍関
義院口
居庸関
北京
大同
覓虎口
平型関
老営

万里の長城遠景

万里の長城の設備

万里の長城は現在でもかなりの施設が残っており、観光地にも利用されている。その防衛施設をすべて紹介することは難しいため、ここでは比較的重要と思われる一部の施設を紹介するにとどめておく。

■嘉峪関《かよくかん》

明代に築かれた長城西端の重要な砦である。

城壁は土壁である版築《はんちく》の上に煉瓦《れんが》を重ねて造られており、東西にそれぞれ光化門《こうかもん》と柔遠門《じゅうえんもん》という門がある。それぞれの門の上には3階層の城楼（天守）が設けられ、防御を固めていた。

城壁自体の四隅にも角塔が造られ、城壁を補強している。

■居庸関《いようかん》

万里の長城の中でも内壁と呼ばれる場所に築かれた防衛施設で、北京からモンゴル、西域に通じる要衝を守るための堅固な砦である。

居庸関は非常に重要な拠点であるため、3重の城壁によって厳重に守られ、周囲には異変を知らせるための狼煙台《のろしだい》が多数築かれていた。

この砦の周辺は長城の保存状態が良いため、観光名所となっている。大理石で造られたアーチに施された彫刻は実に見事だ。

■山海関《さんかいかん》

「天下第一関」と呼ばれている山海関は、渤海《ぼっかい》を望む万里の長城の東端に位置する砦だ。厚さ7メートル、外周約4キロメートルの四角い城壁によって囲まれている。城楼の高さは14メートル。

城壁は版築を煉瓦で覆ったもので、東西南北それぞれ鎮東門《ちんとうもん》、迎恩《げいおん》門《もん》、望洋門《ぼうようもん》、威遠門《いえんもん》と呼ばれていた。

山海関は防衛の拠点であるだけでなく、商業の中心地としても大きな役割を果たしていたという。

東端の砦「山海関」

column:

ハドリアヌス帝の長城

世界的に例を見ない大規模な城砦である長城だが、実は中国以外の国にも存在する。

古代ギリシャやローマの時代に建設されたもので、万里の長城とまではいかないものの、他の城砦とくらべれば驚くほど巨大なものだった。アクロポリスとして紹介したアテナイ（P39）の長城が好例だろう。

そしてその中でも有名なものが、世界遺産にも登録されている「ハドリアヌス帝の長城」である。イギリス（当時はブリタニア）北部にそびえるこの長城は、当時ヨーロッパを支配していたローマ皇帝ハドリアヌス（在位117～138年）によって築かれたもので、中国の長城と同じように北方から攻め込んでくる敵、つまりケルト人たちに対抗するための城砦だった。

高さ約6メートル、幅約2.4メートルの長城は西のソルウェー湾から東のタイン河の河口までの117キロメートルにもおよび、1.5キロメートル間隔で守備兵のための砦が設けられている。

4世紀の末にローマ帝国の守備隊は撤退していったものの、ハドリアヌス帝の長城は16世紀までスコットランドの防壁として使用されつづけた。

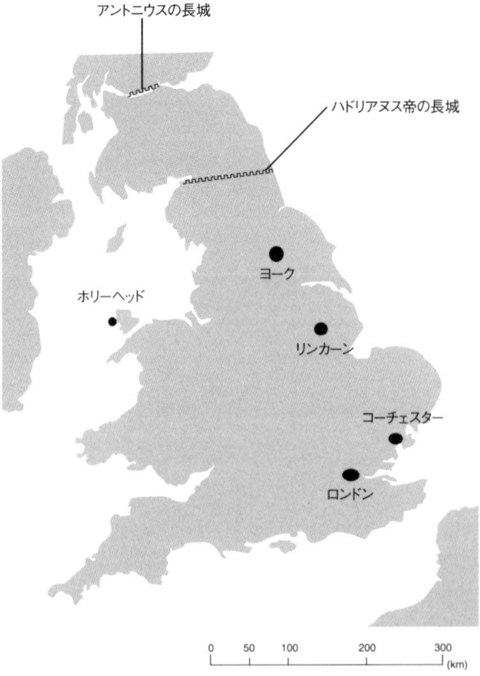

イギリスを横断するハドリアヌス帝の長城

山　城

主要分布地域：日本
登場年代：12世紀

山城は、自然の要害を利用して築かれる日本独自の城砦である。

主に高い山から派生した尾根の頂点を選んで築かれ、その眼下には主要な街道や河川が広がっていることが多い。

これは、山城が軍事的な緊張下においての緊急拠点として使われていたことに由来している。有事には交通の要所となる地形を、外敵の侵攻から守る働きがあるのだ。

建材は木材や漆喰《しっくい》がほとんどで、西洋などに多い石造りの建物は見られない。日本では城を築くだけの巨大な石材が産出しなかったことと、それに代わる木材の入手が容易であったためである。

城を取り囲む防衛施設は周囲の自然地形を利用しており、山頂の傾斜《けいしゃ》がなだらかな部分に「曲輪《くるわ》」を設けたり、段差を利用して「濠《ほり》」を造ったりしている。

このため山城は、特に高度な築城技術を用いなかった初期の城でも、非常に堅固で攻められにくい造りになっていた。

時代が下り防衛施設の配置も精緻《せいち》で複雑なものになっていき、平山城や平城が全盛になった後の時代でも、重要な軍事拠点としてその役目を果たしていくのである。

一方、軍事拠点であったため、居住性に乏しい場合が多く、たいていの山城は居住地として別に設けられた館を持っていた。

山城

備中松山城

Bitchumatsuyama-jyo

建築年代	13世紀	所在地	日本

激しい争奪戦がおこなわれた山城

備中松山城《びっちゅうまつやまじょう》は、日本の山城の中でも唯一、創建当時の天守を残している貴重な城砦である。山陰道と山陽道を結ぶ要所、備中（岡山県西部）の高梁《たかはし》川流域にそびえる臥牛山《がぎゅうさん》上に築かれた山城で、重要な拠点として古くから激しい争奪戦にさらされてきた。

最初に城が築かれたのは仁治《にんじ》元（1240）年のこと。相模三浦《さがみみうら》氏の一族、秋葉重《あきばしげ》信《のぶ》によって臥牛山麓にある、大松山という峰に建造されている。

以降、さまざまな武将がこの城を治めたが、16世紀になって毛利《もうり》氏の後ろ盾を受けた三村元親《みむらもとちか》が松山城を整備し、臥牛山頂全域に広がる堅牢な城へと造り替えている。

その防衛力は、尼子《あまこ》十勇士として有名な山中鹿之助《やまなかしかのすけ》がこの城に攻め入り、敗北したことからもうかがうことができる。

しかし、三村元親による統治も長くはつづかなかった。策謀に長けた備前（岡山県東部）の宇喜多直家《うきたなおいえ》により毛利氏との仲を引き裂かれた元親は、その庇護下から離反。激怒した毛利氏の攻撃により敗死してしまう。

その後、松山城は毛利氏の統治下に置かれることとなった。

茶人武将による改修

松山城が新たな城主を迎え入れることになったのは慶長《けいちょう》5（1600）年のこと、治めるのは徳川家の備中代官、小堀正次《こほりまさつぐ》・政一《まさかず》親子である。彼らは備中内の行政を整えると共に、松山城の大改修をおこなっている。

特に、千利休《せんのりきゅう》と並ぶ大茶人、小堀遠州《えんしゅう》として知られる政一は、数々の城砦の改修を手がけた築造技術に長けた人物でもあった。

松山城は、政一の手によって近代的な城砦として生まれ変わることになるのだが、天守は依然として山頂に残されていた。一説によると、徳川幕府が松山城を中国地方での変事における軍事拠点として利用することを考えており、あえて残させたのだといわれている。

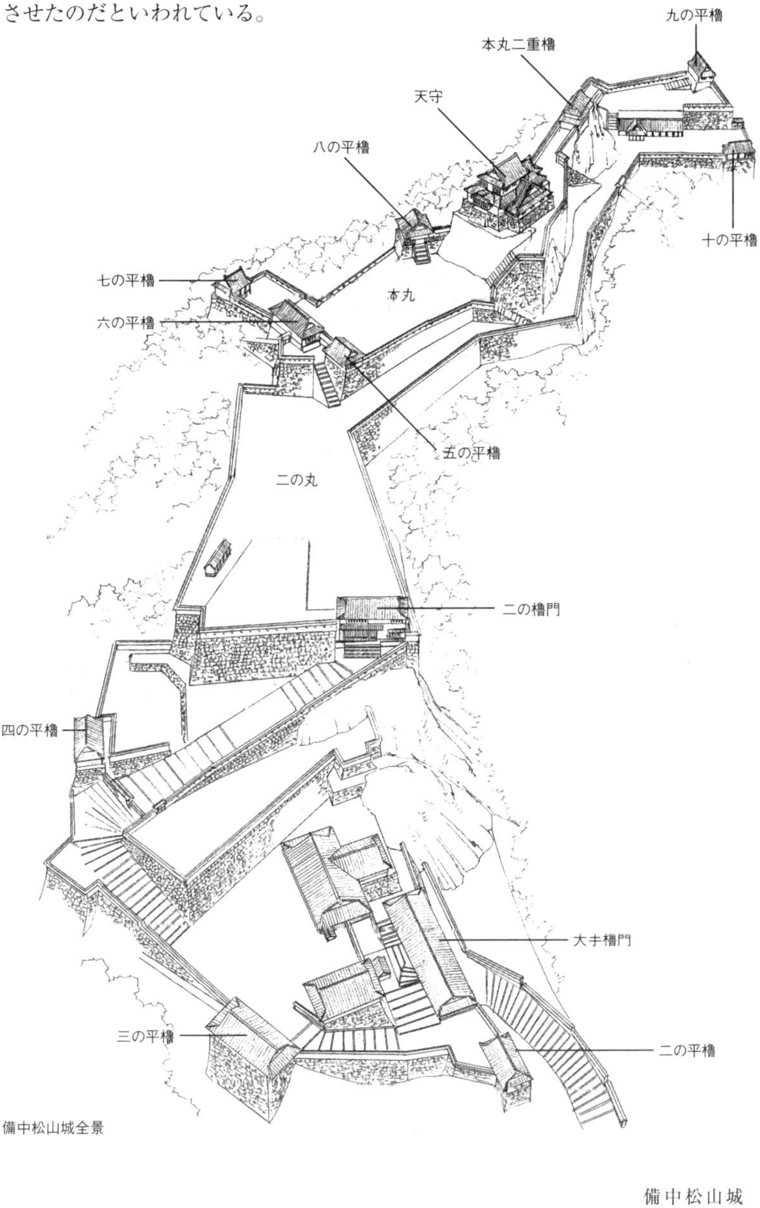

備中松山城全景

備中松山城の設備

備中松山城は建築当時の天守が残る唯一の山城として知られている。その他の設備も再建されているので、当時の城の様子を知るための貴重な資料といえるだろう。

■天守

天守は2層造りになっている。高い山中に築かれた城なので、ことさら高い天守を造る必要がなかったためだろう。１階層に囲炉裏《いろり》の間、装束の間があり、２階部分には城主の居所と御社壇《ごしゃだん》が設けられている。御社壇には八幡大菩薩《はちまんだいぼさつ》、毘沙門天《びしゃもんてん》、摩利支天《まりしてん》などの武神が祭られていたという。

■本丸《ほんまる》二重櫓《にじゅうやぐら》

天守の背後を守るようにして建てられているのが本丸二重櫓だ。小堀政一の改修当時から残る建物で、木造の２層造りになっていた。

櫓《やぐら》は基本的に城内の要所となる部分に建てられ、防御の要として利用される設備である。この本丸二重櫓も戦の最中には重要な拠点として利用されていたことだろう。

天守外観

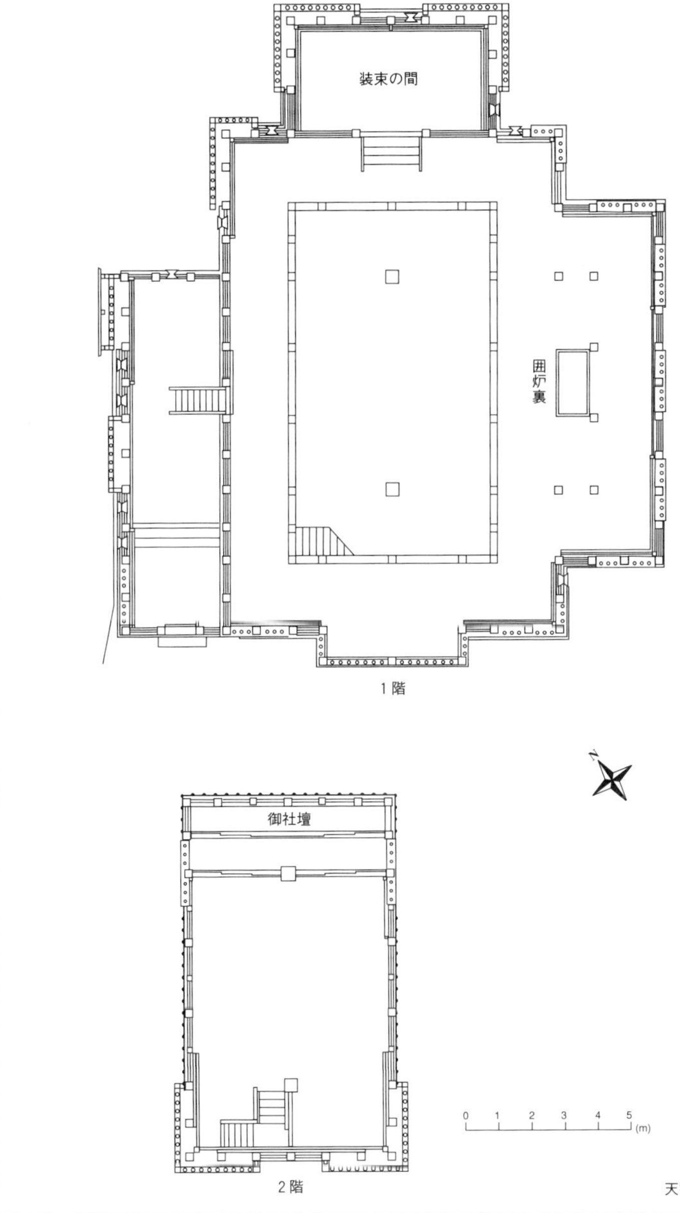
装束の間
囲炉裏
1階
N
御社壇
0 1 2 3 4 5 (m)
2階

天守平面図

岐阜城
Gifu-jyo

建築年代	16世紀
所在地	日本

岐阜城は、永禄《えいろく》10（1567）年に、織田信長《おだのぶなが》の大改修工事によって生まれた名城である。

もともとは戦国大名の斎藤《さいとう》氏が鎌倉時代の城砦跡地を利用して築いた城で、当時は稲葉山《いなばやま》城と呼ばれていた。その後、斎藤家を簒奪《さんだつ》した斎藤道三《どうざん》の居城になるも、道三は息子の義龍《よしたつ》に背かれ討ち死にしてしまう。

道三の意思を継いで稲葉山城の城主になったのが娘婿の信長で、この城を天下統一の礎《いしずえ》とするべく大改修をおこなったのである。

改修後、稲葉山城は岐阜城と名を変え、その偉容はポルトガルの宣教師、ルイス・フロイスをして、「地上の天国」と言わしめるほどであった。

しかし、この城には奇妙な噂も残されている。

１つは、敗死した斎藤道三が、亡霊となって切り落とされた自分の首を探して回るというもの。そしてもう１つは、この城の城主となった人間は、必ず非業の死を遂げるというものである。

事実、斎藤義龍・龍興《たつおき》親子は信長に滅ぼされ、信長と長男信忠《のぶただ》は本能寺の変で憤死した。さらには信長の三男信孝《のぶたか》は織田家の後継をめぐって兄と対立し自刃。池田元助《いけだもとすけ》は小牧・長久手の戦いで戦死。織田信忠の息子の秀信《ひでのぶ》（幼名三法師）も関ヶ原の戦いで西軍につき、岐阜城にたてこもるも捕らえられて非業の死を遂げている。これは、道三の呪いによってもたらされた悲劇だとされているが、もちろん真相は明らかになっていない。

なお、岐阜城は関ヶ原の戦い（1600年）の後、廃城とされたため、現在残っているのは石垣とその上に1956年に再現された天守のみである。

平山城

主要分布地域：日本
登場年代：16世紀

平山城は、山城の発展型、もしくは派生型とされる城である。

この両者には明確な区分がなく、はっきりと分類することは難しい。そのため、書物によっては存仕自体を無視されたり疑問視されることもあるが．両者の様式自体はだいぶ違う。役割自体も、防衛拠点としての意味合いが中心だった山城とはまったく異なるものだ。

比較的平地との連絡が取りやすく、物資の運搬のしやすい平山城は、主に国を治める政治的な中心地として利用されていた。

基本的に平山城は山城が建てられるような険しい要害などではなく、比較的小さな丘陵地に建築されている。

多くは交通の便が良く、国の動脈といえるような場所に建てられていた。

防御施設も山城のように天然の地形に頼るのではなく、丘陵の上に天守や城壁、曲輪《くるわ》を造り、丘陵全体を水濠で囲むようにしていることが多い。城主の家臣や兵士たちが生活するための屋敷なども城内に建てられていた。

この形式は主に戦国時代後半から近世にかけて増えていき、いくつもの名城を生み出すことになる。

また、城を国を統治するための拠点として用いるという思想は、より政治的な中心地としての意味合いを強めた平城への道しるべともなった。

平山城

姫路城

Himeji-jyo

建築年代	16世紀	所在地	日本

優雅なる白鷺城

姫路城、もしくは白鷺《しらさぎ》城とも呼ばれるこの城は、5階層からなる白亜の天守と無数の小天守等を今に残す日本屈指の名城だ。ドキュメンタリー番組やテレビ・映画の舞台としてもよく使われ、1993年には世界遺産としても登録されているのでご存じの方も多いと思う。

姫路城が最初に築かれたのは応仁《おうにん》元（1467）年のことで、名将として知られていた赤松政則《あかまつまさのり》（1455～96年）が縄張《なわば》り（城の基本設計のこと）したとされている。当時の建物がどのような形状であったのか知ることは難しいが、おそらく現在のものよりも規模の小さなものだったはずだ。その後、織田信長《おだのぶなが》から中国地方平定の命を受けた羽柴秀吉《はしばひでよし》（後の豊臣《とよとみ》秀吉）によって、拠点の1つとして大規模な改修を受けることとなった。この時建てられたのは3階層の天守を持った城だったと記録されている。

姫路城が現在のような巨大城郭へと発展したのは徳川家康《とくがわいえやす》の娘婿である池田輝《いけだてる》政《まさ》（1564～1613年）や、後年この城に入城した本多忠政《ほんだただまさ》（1575～1631年）らの改修を受けてからだ。

池田輝政は姫路城を、西国の豊臣恩顧の大名や大坂城の豊臣方を牽制するための軍事拠点とするべく改修をおこない、慶長《けいちょう》6（1601）年から9年の歳月をかけて現在の姫路城の基礎を築き上げた。

一方の本多忠政の息子・忠刻《ただとき》は家康の孫娘・千《せん》姫の夫だった。このため忠政は、姫路城を彼女にふさわしい城へと改修、西の丸や化粧櫓《けしょうやぐら》などを増設している。

こうして完成した姫路城は、いくつもの防衛施設を備えた華麗にして堅固な城であった。幾重にも城を取り巻くように設けられた濠《ほり》や土塁《どるい》、迷路のように入り組んだ通路、要所を固める小天守や櫓は、この城に攻め入った敵を冷たくあしらって見せたことだろう。

しかし、幸か不幸かこの城はこれらの改修の後、一度も戦火に巻き込まれることはなかった。

悲しみを秘めた城

姫路城は、この城にかかわった女性たちの悲しみを秘めてもいる。

伝えられている話の１つはこうだ。

徳川家康の娘にして池田輝政の妻であった督《とく》は、輝政の死後、自分の息子である忠継《ただつぐ》を池田家の後継者にしようとした。しかし輝政には前妻の子である嫡男・利隆《としたか》がいる。よって彼女の願いは叶えられることはなかった。ここまではよくある話だ。しかし、督はこのことに腹を立て、利隆を毒殺しようと企む。この陰謀は悲劇的な形で幕を下ろした。

彼女の用意した毒まんじゅうを息子の忠継が食べ、命を落としてしまったのだ。これを嘆き悲しんだ督は自らも毒をあおり命を絶ったという。

そして、もう１つの話もまた徳川家の女性にまつわる話である。

本多忠刻の妻、千姫はもともと豊臣秀頼《ひでより》に嫁がされていた。しかし、秀頼は彼女の祖父である家康によって討ち取られ、彼女は夫を失うことになってしまう。

彼女が本多忠刻と出会ったのは、桑名《くわな》から尾張《おわり》まで向かう本多家の屋形船の上でのこと。船頭人夫の指揮をしていた忠刻の凛々しさに目をひかれた彼女は、彼と再嫁することになった。

本多家に嫁いでしばらくのあいだ、彼女は幸福の絶頂にあったといえるだろう。１年あまりで長女勝姫が、５年後には長男・幸千代《こうちよ》が相次いで生またのだ。

しかし、この幸せは長くはつづかなかった。幸千代がわずか３歳で早世してしまい、４年後には夫の忠刻が死亡してしまう。夫を失った千姫は、１人残った娘勝姫を連れ傷心のまま江戸へと帰っていった。

なお、一説によれば彼女の身の上に起きた悲劇は、前夫豊臣秀頼の怨念によるものとされている。

連立式天守の外観

姫路城の設備

姫路城は現存している城の中でも、かなり多くの施設が残っている城だ。しかも、その多くはほぼ完全か、それに近い状態に修復されている。

■天守

日本の城砦の天守には、戦略的な要素の他にも重要な要素があった。それは、支配者の威光を示すことだ。そのため日本の城砦の天守は、華麗で壮大なものになることが多い。

姫路城の天守は連立式天守と呼ばれるタイプのもので、大天守と３つの小天守を連結した造りになっている。15メートルの石垣の上に立った大天守は約35メートルほどの５階層の建物で、内部は地下１階層、地上６階層に分かれる。なお、外観と内部の階層が違うというのは当時の建築ではよくあることだった。

■城壁

姫路城の城壁は漆喰《しっくい》で塗り固められている。この白い壁こそ白鷺城と呼ばれる所以《ゆえん》なのだが、実際は装飾ではなく、防火のためのものだ。壁は角材や固い木板を複雑な工程で組み合わせた下地に、荒打ち、大班直し、小班直し、中塗り、上塗りの５段階の工程で漆喰が塗られている。厚さは30〜50センチほどで、鉄砲での攻撃に対しても十分な防御力を備えていた。

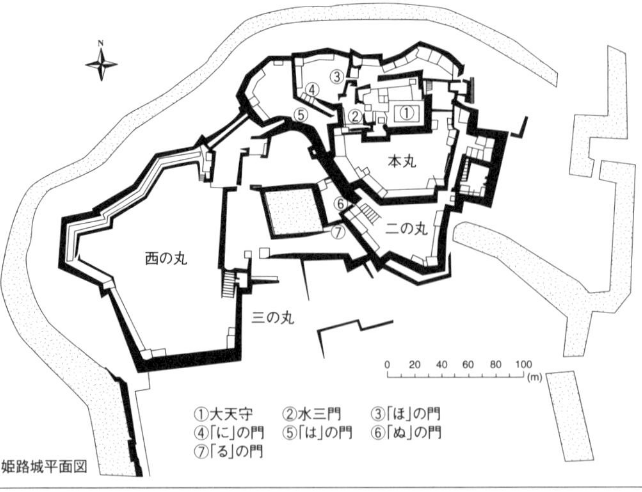

姫路城平面図

■城門

この城には、天守を守るために大小さまざまな門が存在している。その数は合計21門。種類も棟《むな》門、高麗《こうらい》門、櫓《やぐら》門、埋《うずみ》門といたって豊富だ。この中でも、特有なのが石垣の上に櫓《やぐら》を渡した櫓門と、石垣をくりぬいた埋門である。

姫路城でも、櫓門の菱の門・「は」の門・「に」の門・「ぬ」の門や、埋門である「ほ」の門・「る」の門・水三門・水五門などが天守への道を守っていた。

■濠《ほり》

姫路城の濠はすべて水濠で、平野の広がる南に螺旋《らせん》状に3重になるようにめぐらされている。

これらの濠は、外濠、中濠が四角形の断面の「箱《はこ》堀」、内濠がV字形の断面の「薬研《やげん》堀」で掘られていた。

さらに幅もそれぞれ違っており、外濠と中濠は狭く、内濠は広くなっている。これは船で濠を渡られることを防ぐためだ。狭い濠であれば、兵士を大量に載せられるような船を浮かべることはできない。内濠が広くなっているのは、それまでの濠を越えてきた兵士たちが船を運搬してくる心配がないからである。

「は」の門

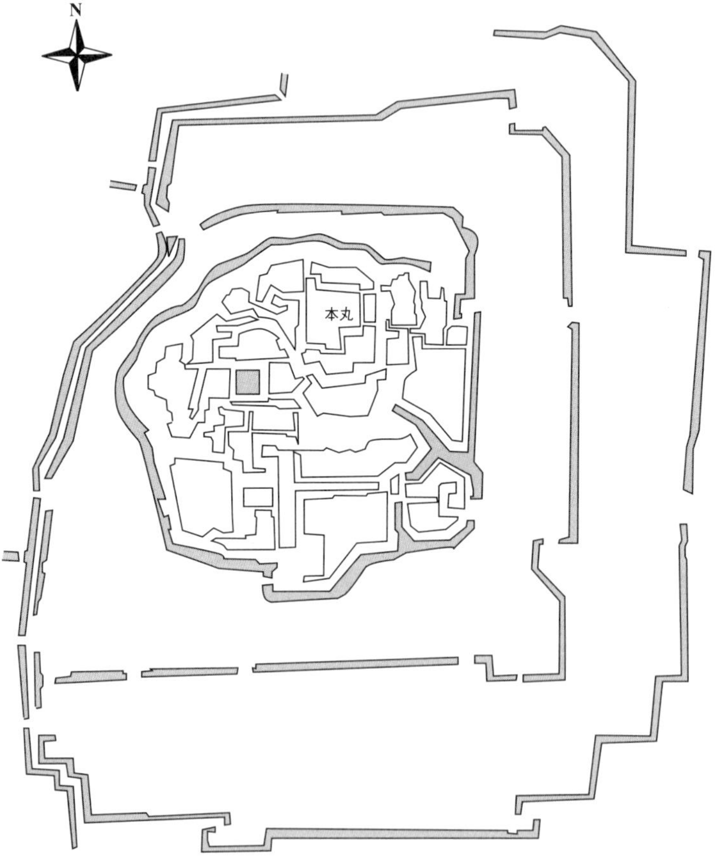

姫路城の3重にめぐらされている濠

犬山城

Inuyama-jyo

建築年代	16世紀
所在地	日本

犬山城は織田信長《おだのぶなが》の叔父・信康《のぶやす》が天文《てんぶん》6（1537）年に築いたとされている城だ。木曽《きそ》川を見下ろす小高い丘の上に建てられ、4階層の天守がそびえる本丸と、その周囲を取り囲む二の丸、三の丸からなり、その美しさから李白《りはく》の唐詩になぞらえ「白帝《はくてい》城」とも呼ばれている。美しさの中心である天守は、長らく日本最古の天守とされ国宝にも指定されているほどだ。

残念なことに天守の建築年代に関しては、その後の調査で江戸時代に建てられたものだということがわかっている。

しかし、そのことによってこの城の希少性や珍しさが損なわれるわけではない。なにしろ犬山城は、江戸時代の旧城主・成瀬氏に明治28（1895）年、濃尾地震による損壊の修復を条件に引き渡されたという、日本唯一の個人所有の城なのである。貴族が今でも残っているイギリスならともかく、この日本で城主がいるというのは大変興味深い話だ。

犬山城遠景

金沢城
Kanazawa-jyo

建築年代	16世紀
所在地	日本

金沢城は加賀百万石の祖、前田利家《まえだとしいえ》（1538～99年）の居城である。

元来この地には、一向《いっこう》宗の尾山御坊《おやまごぼう》と呼ばれる城砦が立っていた。しかし、この尾山御坊は天正《てんしょう》6（1578）年に織田信長《おだのぶなが》の重鎮、柴田勝家《しばたかついえ》の手で攻め滅ぼされてしまっている。

尾山御坊跡に最初に築城をおこなったのは勝家の配下である佐久間盛政《さくまもりまさ》（1554～83年）だ。盛政は尾山城と呼ばれる城を建てたが信長の死後、勝家と覇権を争った羽柴秀吉《はしばひでよし》（後の豊臣《とよとみ》秀吉）の手で捕らえられ処刑されてしまう。盛政の死後、尾山城の城主になったのが前田利家だった。

利家は築城の名手だった高山右近《たかやまうこん》を配下として召抱えると、尾山城の改築に乗り出す。その後、金沢城と改められた城は前田家3代を通じて改築され、加賀百万石にふさわしい名城となった。

5階層からなる大天守は四角形の平瓦を敷き詰めた海鼠壁《なまこかべ》で守られ、格調高い唐《から》様式の破風《はふ》を備えていた。残念ながらこの天守は現存していない。

多数設けられた櫓《やぐら》や塀の屋根は鉛《なまり》でできた瓦で覆われている。鉛瓦は戦いの際に銃弾に用いるために使われているとも、雪から屋根を守るために設置されたともいわれている。

時代が下った寛永《かんえい》9（1632）年には、防火と防衛のために辰巳《たつみ》用水が造られた。この辰巳用水は、日本でははじめてともいわれる逆サイフォンの原理で、犀《さい》川から引いた水を二の丸まで吸い上げるという高度な技術で造られている。設計者は板屋兵四郎《いたやへいしろう》という町人で、辰巳用水の秘密が外部に漏洩することを恐れた前田家によって暗殺されたともいわれている。

平　　城

主要分布地域：日本
登場年代：16世紀

平城は主に平地に建てられた城で、古くは所領を統括するための館として、戦国期から近世にかけては政治的な拠点として利用されてきた。

山城が建てられるような険しい山中とは違い、平地は交通の便が良いし、土地も広く取ることができるため快適で大きな城を築くことができる。また、平地に城があれば、周囲に城下町が発展することも容易だった。このため平城の多くは領主の館として築かれ、その地方を治める政治的な拠点として利用されていたのである。

しかし平城は、山中の険しい要害を利用した山城や丘陵地に建てられた平山城にくらべ、防衛に利用できるのはせいぜい河川や沼地しかなく、十分な防御施設を備えなければならないという欠点を持っていた。

この問題が解決されるようになったのは、戦国末期から近世にかけての築城技術が急速に発展した時代のことだ。十分に計算されて築かれた濠や土塁《どるい》、そして曲輪《くるわ》や馬出《うまだ》し、虎口《こぐち》などで迷路のように入り組んだ城は、険峻な山麓に築かれた山城と同等の防御能力を示したのである。

以降、平城は多くの大名に採用され、重要な拠点として利用されることになった。

近世の平城は、基本的に濠と土塁を四方にめぐらせた四角形をしている。内部はさまざまな防衛施設で守られ、城の心臓部である天守に向かうためには、ひどく遠回りをしなければならない。また、たとえ天守までたどりついたとしても、高い石垣が侵入者の攻撃を防ぐようになっていた。

軍事拠点としても十分な機能を備えていた近世の平城は、純粋な軍事拠点としても利用されていくことになるのである。

平城

名古屋城

Nagoya-jyo

建築年代	17世紀	所在地	日本

天下普請で生まれた名城

名古屋城は慶長《けいちょう》15（1610）年、徳川家康《とくがわいえやす》が西国の外様《とざま》大名に対して築城工事を請け負わせて造り上げた、いわゆる天下普請《てんかぶしん》による城である。

天下普請とは大名の力を弱めるための政策で、徳川家がおこなう建築を大名たちに担当させ、多量の出費を強いるというものだ。出費が増えれば徳川家に逆らうための軍備を整えるような余裕がなくなるし、なにより徳川家の財政を傾けることなく多数の建築や工事をおこなうことができたのである。

名古屋城の建築がはじまった慶長15年は、まだ豊臣秀頼《とよとみひでより》が生きており、大坂城も健在だった。諸国の大名たちの動きにも不安要素が多く、徳川家の天下は磐石といえるものではなかったのだ。このため家康は、大坂に対する備えを早急におこなう必要があった。家康は備えとしての城を築くにあたり、徳川家が有利になるように最大限の手を打っていく。こうして誕生したのが名古屋城である。

天下普請に参加した大名は普請奉行の佐久間政実《さくままさざね》を筆頭に、加藤清正《かとうきよまさ》、福島正《ふくしままさ》則《のり》、毛利秀就《もうりひでなり》、細川忠興《ほそかわただおき》、黒田長政《くろだながまさ》など20家、工事に動員された人数は20万人以上にもおよんだ。

完成した名古屋城は本丸、二の丸、西の丸、御深井《おふけ》丸の南に広大な三の丸を設け、さらにその周囲を深い外濠で囲み込んだ壮大な城であった。

しかし、この城が実戦に用いられることはなかった。豊臣家が元和《げんな》元（1615）年の大坂夏の陣であっさりと滅亡してしまったからである。

その後、名古屋城は徳川御三家筆頭である尾張《おわり》家の居城として用いられることになった。

天守を飾るシンボル金鯱《キンシャチ》

名古屋城といわれて誰もが思い浮かべるのは、天守の屋根に燦然と輝く金の鯱《しゃち》鉾《ほこ》だろう。「天下様でもかなわぬものは金の鯱鉾あまざらし」と当時の里謡にもうたわているほどだ。

この金の鯱鉾はただ天守を飾るだけのものではない。天守を守るために呪術的に配置されたものなのである。

鯱はそもそも日本人が考え出した架空の動物で、強力で霊力のある魚の王者であるとされた。建物の大棟《おおむね》上（屋根の頂部の水平な棟）に雌雄二対で飾ることによって火災に見舞われたときに水を呼ぶとされている。

このため、金の鯱鉾は他の城でも飾られていることが多い。織田信長《おだのぶなが》の岐阜城（P150）や安土《あづち》城、豊臣秀吉《とよとみひでよし》の聚楽第《じゅらくだい》や大坂《おおさか》城、他にも仙台《せんだい》城や和歌山《わかやま》城など多くの天守に黄金の鯱鉾が輝いていた。

さて名古屋城の鯱鉾だが、その美しさゆえか何度も災難にあっている。

江戸時代には柿木金助《かきのききんすけ》という盗人が大凧《おおだこ》に乗って金の鱗《うろこ》を剥ぎ取ったとされているし、明治時代には無用の長物の烙印を押され、宮内庁に献上されてしまったのである。その後、２尾の鯱は別れ別れの道をたどっていく。１尾はウィーンの万国博覧会に送られ、もう１尾は日本各地の博覧会を回るなんともさびしい旅烏の日々を送っていた。

そして明治12年、名古屋のシンボルを忘れていなかった民間の人々の努力によって、ようやく再会を果たすことになる。その後しばらくは、鯱鉾も平穏な日々をすごすが、昭和に入ってからまたもや悲劇が襲う。

昭和12年には盗人に再び鱗を剥ぎ取られたうえ、昭和20年にはアメリカ軍の空襲で溶けてしまったのである。後年金塊として掘り出された鯱鉾は、金の茶釜に姿を変えることで、ようやく落ち着いた暮らしを迎えることができた。

なお、現在名古屋城に飾られている鯱鉾は昭和34年に復元されたもので、当時の物価にして３億円以上の金塊を用いて造られている。

鯱鉾

名古屋城の2基結合型天守

名古屋城の設備

天守こそ戦災で失ったが、名古屋城には櫓《やぐら》や濠などの設備が残されている。かなり良好な保存状態であり、重要文化財にも指定されているほどだ。

■天守

天守は2基結合型と呼ばれる形式で、大天守と小天守が橋台で結ばれた形になっている。

大天守への入り口は小天守に設けられていて、小天守から橋台を渡らなければならない。つまり、敵が大天守にいる城主を襲おうと思ったら、小天守を陥落させなければならなかったのである。しかも、橋台には忍者が登れないように鋭い剣のような杭が突き出した剣塀が取りつけられていた。

しかし、第二次大戦の空襲で焼失しており、現在の天守は1959年に再建されたコンクリート製のものだ。

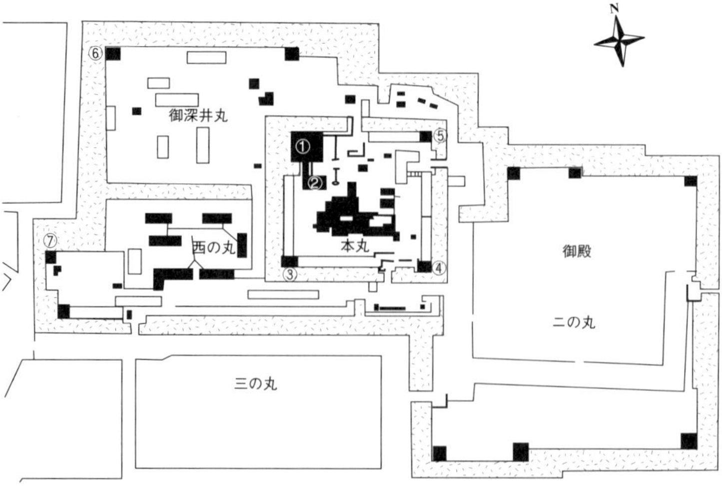

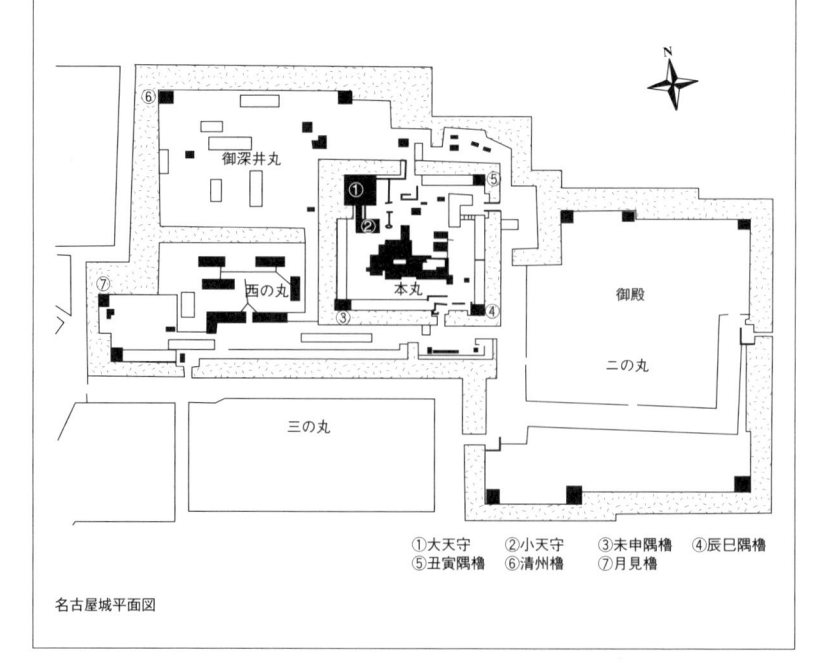

①大天守　②小天守　③未申隅櫓　④辰巳隅櫓
⑤丑寅隅櫓　⑥清州櫓　⑦月見櫓

名古屋城平面図

■櫓

天守は、清洲《きよす》櫓や月見《つきみ》櫓などの外部の曲輪《くるわ》に設置された櫓と、丑寅隅《うしとらすみ》櫓、辰巳《たつみ》隅櫓、未申《ひつじさる》隅櫓などの本丸の四方を固めた櫓によって厳重に守られている。また、これらの櫓は長大な多聞《たもん》櫓によって連結されていた。なお、櫓の大半は同一形式の2階層の櫓になっている。

御深井《おふけ》丸に設けられた清洲櫓は、3階層の櫓で清洲城からわざわざ移転されたというエピソードがある。

■濠《ほり》

この城を守る濠には、いくつかの種類がある。

名古屋城の南部に広がる三の丸は長大な空壕（水のはられていない壕）と土塁《どるい》で周囲を固めていた。二の丸と西の丸南端、そして本丸も空壕によって守られているが、これらは石垣で囲まれ防御効果を高めてあった。

一方、城の北側にあたる御深井丸は水濠で囲われている。

■埋《うずみ》門

万一の落城に備え、城主を安全に逃がすための抜け道も用意されていた。それが二の丸の北西に設けられた埋門である。

現在では埋め立てられ記念碑が残されているのみとなっているが、有事の際はここを通って空壕へと抜け、そこから外部へと逃げられるようになっていた。

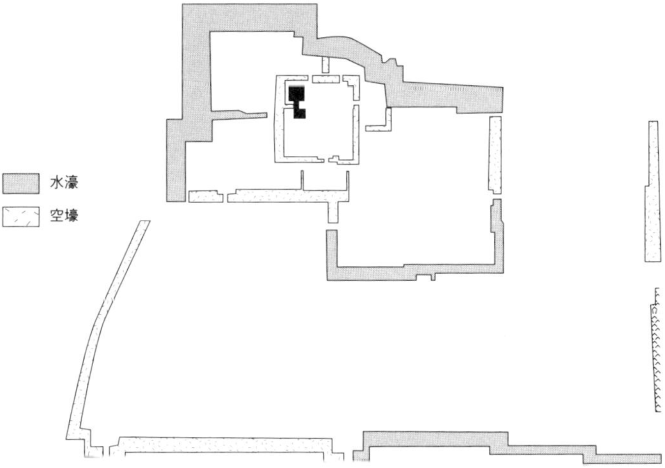

濠によって守られている天守

上田城

Ueda-jyo

建築年代	16世紀
所在地	日本

信州《しんしゅう》（長野県）上田《うえだ》盆地のほぼ中央に位置する上田城。この城は、大坂《おおさか》夏の陣で徳川家康《とくがわいえやす》を追い詰めた真田幸村《さなだゆきむら》の父であり、名将の誉れ高い昌幸《まさゆき》（1547～1611年。他にも諸説あり）によって築かれた城である。

名将の築いた城にふさわしく、平城でありながら南にある尼ヶ淵《あまがふち》の断崖、北の太郎山など自然の要害が巧みに利用されていた。本丸、二の丸、三の丸には水濠をめぐらせ防御を固め、城内には武家屋敷や民家が配されている。

昌幸は天正《てんしょう》12（1583）年と慶長《けいちょう》5（1600）年の2度にわたってこの堅固な城に立てこもり、徳川家の軍勢を打ち破った。特に徳川家康の息子、秀忠《ひでただ》を打ち破った2度目の戦いは痛快とさえいえるものだ。天下分け目の関ヶ原の戦いに向かう際に、軽い気持ちで上田城に攻撃を仕掛けてきた秀忠の軍勢を昌幸は奇計を持って翻弄し、8日間にわたって釘づけにしたのである。その後、秀忠が関ヶ原の戦いに遅参して家康の怒りを買った話は有名だ。

しかしその上田城も、関ヶ原の戦いが終わって昌幸・幸村の親子が高野山北麓の九度山《くどやま》に配流されると、あっさりと廃城にされてしまった。

会津若松城

Aizuwakamatsu-jyo

建築年代	16世紀
所在地	日本

会津若松城は天正《てんしょう》19（1591）年に蒲生氏郷《がもううじさと》（1556～95年）によって築かれた城である。

豊臣秀吉《とよとみひでよし》によって会津（福島県）の地に入封された氏郷は、もともとあった黒《くろ》川《かわ》城を改築、7階層にもおよぶ天守を備えた城を築き上げた。この城は、氏郷の故郷である近江（滋賀県）の国にある若松の森にちなんで若松城と命名されることとなる。

しかし、会津若松城について一般的に知られているのは、明治維新の際に起きた白虎隊《びゃっこたい》の悲劇であろう。

氏郷が文禄《ぶんろく》4（1595）年に急死した後、城主は上杉氏、再び蒲生氏、加藤氏と次々と変わっている。城主が定まったのは、1643年に徳川第2代将軍・秀忠《ひでただ》の3男、保科正之《ほしなまさゆき》が入部してからのことだ。彼は異母兄である家光《いえみつ》に信愛され、自身もまた徳川家に対して絶対的な忠誠を誓っていた。

その気風は後の明治維新まで伝わり、彼が治めた会津藩は明治政府に対して最後まで抵抗をつづけている。しかし、敵は長州、薩摩などの明治政府全体であり、年端もいかぬ少年まで兵士として駆り出す必要があった。その少年兵たちが白虎隊である。

彼らは若松城を守るべく戸《と》ノ《の》口原《くちはら》で戦っていたが、そのうち20名が本隊とはぐれ飯盛山《いいもりやま》へと迷い込んでしまう。そして彼らは若松城が煙に包まれている姿を発見してしまうのである。守るべき城を失ったと考えた彼らは、壮絶な集団自殺を遂げた。しかし、実際に燃えていたのは城下の街であり、若松城は健在であったのだ。

後世、この悲劇は唯一生き延びた隊士によって伝えられ、今日でも広く世に知られることになった。

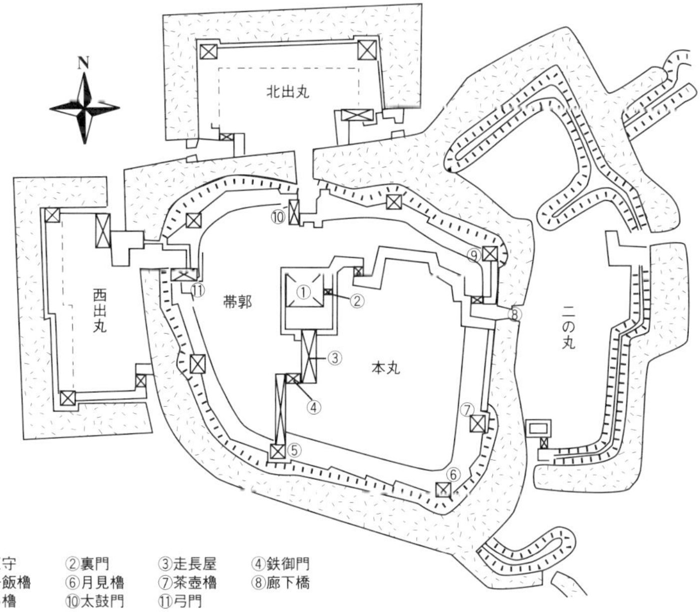

会津若松城平面図

fortification

ルネサンス式宮殿

主要分布地域：ヨーロッパ全土
登場年代：14～17世紀

ルネサンス式宮殿は、13世紀後半のルネサンス思想をうけて生まれた建築物である。城のカテゴリーに入ってはいるものの、中世の戦乱の中で用いられた城とは違って、どちらかといえば領主の館や政治的拠点としての役割が強い。

ルネサンスとは、古代ローマ人の世俗的な生活態度と人間的な文化の再生を理想とする思想で、キリスト教的な清貧を旨とする当時の文化に旋風を巻き起こした。

当然、建築の面でも活用され、16世紀にはローマを中心とした地域で完成期に入っている。それらの技法は、古代ローマ時代にならい邸宅、宮殿、官庁、病院、市場といった建造物に用いられ、近代ヨーロッパの都市建築の基盤となっていく。

16世紀初頭にはフランス、16世紀中期にはスペイン、イギリス、オランダ、そして16世紀後半から17世紀初頭にはドイツと東欧へと普及している。これらの思想が十分に伝播するにはそれなりの時間がかかったが、自ら研究し新たな技術を生み出す建築家を多く排出することとなった。

さて、ルネサンス式宮殿の特徴は、古代ローマの建築を基本としているため、基本的な材料は煉《れん》瓦《が》を用いることが多い。そして、その表面は石材などで仕上げられ、時にはフレスコ画を描いたり、大理石の装飾をはめ込むこともあった。煉瓦を中心に建築されているものの、柱などの強度の必要な部分には石材が用いられていることが多い。

建物は、平面や立面が対称形や黄金比率（約1.618対1）によって配置され、その多くは正方形、円形、正多角形、ギリシャ十字などの面を持つように設計されていた。どちらかといえば防衛能力は重視されておらず、防御施設を備えていたとしても、それ自体は装飾として考えられていた。

ルネサンス式宮殿

シャンボール城館

Château de Chambord

建築年代	16世紀	所在地	フランス

完全な対称的平面で構成された宮殿

シャンボール城館はフランス国王・フランソワ１世（在位1515〜47年）が築き上げた白く美しい城である。

左右156メートル、奥行き117メートルの城の四隅には大きな円柱状の塔がそびえ、屋根の上には無数の円錐《えんすい》形の塔や尖塔《せんとう》、明かりとりなどが立ち並んでいる。さながら空中都市といった趣きで、旧来の城砦にはない豪奢《ごうしゃ》で幻想的なものだ。しかも、それらの塔は左右対称かつ、きわめて精緻に配置されており、ルネサンス様式の手法を用いて造られたことを如実に物語っている。

建設がはじまったのは1519年。当時イタリアでルネサンス建築の第一人者だったジュリアノ・ダ・サンガの高弟、ドメニコ・ダ・コルトナが設計を担当した。

しかし、この設計をそのまま使用したのでは沽券《こけん》にかかわると考えたフランス人の建築家たちは、コルトナの設計に自分たちなりの創意工夫を凝らし、実に30年の月日をかけてこの城を完成させている。

シャンボール城館は、440もの部屋を持つ巨大な城であった。規模は周囲に存在する数多くの城館や宮殿の筆頭ともいえ、他の追随を許さないほどのものだ。しかし、この城には戦争で役に立つような防御能力はない。もっぱら狩りを楽しむ拠点や、外国からの貴賓を招き入れるためのゲストハウスとして使用されていたという。

中でも、長く戦争状態にあった神聖ローマ帝国皇帝にしてスペインの王カール５世との和解が成立し、この城に招き入れた時の歓迎ぶりは語り草となっている。

ギリシャ風の衣装をまとった婦人たちがカール５世の行く先々に花をまき、その花の絨毯《じゅうたん》の上を移動したのだという。もちろん大掛かりな狩猟や演劇も催され、皇帝を大いに楽しませた。

なおこの城館は、後にルイ14世（在位1643〜1715年）が一時的に居城として用いていたということでも知られている。

ダ・ヴィンチと二重螺旋階段

フランソワ１世は、偉大なる芸術家として知られるレオナルド・ダ・ヴィンチ（1452〜1519年）が大のお気に入りで、晩年における有力なパトロンであった。

そのためか、シャンボール城の設計にはダ・ヴィンチが部分的にかかわっていたという噂が残っている。

それによれば、ドンジョン（天守）の中央にある円塔の中に設けられた二重螺《ら》旋《せん》階段を設計したとされているのだが、ダ・ヴィンチが建設のはじまった1519年に他界しているため真相は闇の中だ。

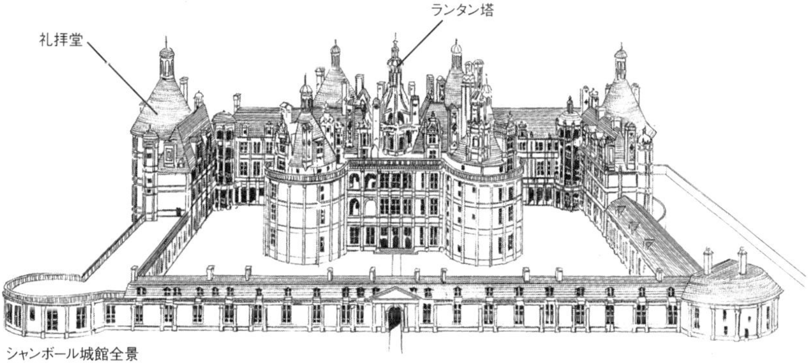

シャンボール城館全景

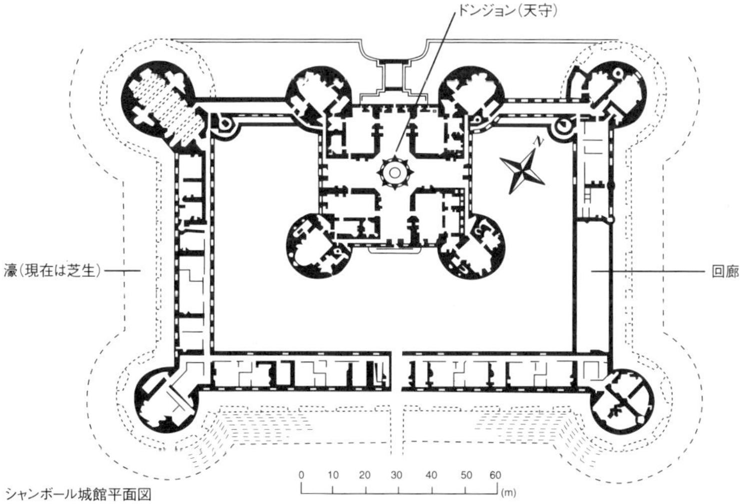

シャンボール城館平面図

シャンボール城館の設備

シャンボール城館は周囲を風光明媚な自然に囲まれ、すべての施設が良好な状態のままに残されている。

■ドンジョン（天守）

シャンボール城館のドンジョンは四角形で構成された大型のもので、四隅には円柱状の塔がある。

最大の特徴は中央にあるレオナルド・ダ・ヴィンチ作とされる階段塔だ。内部には階段が二重の螺旋《らせん》を描くようにして設けられている。この様式はローマのバチカン美術館の階段塔と同じものだ。

ドンジョンの左右からは長い回廊が伸び、城全体を取り囲むようになっている。

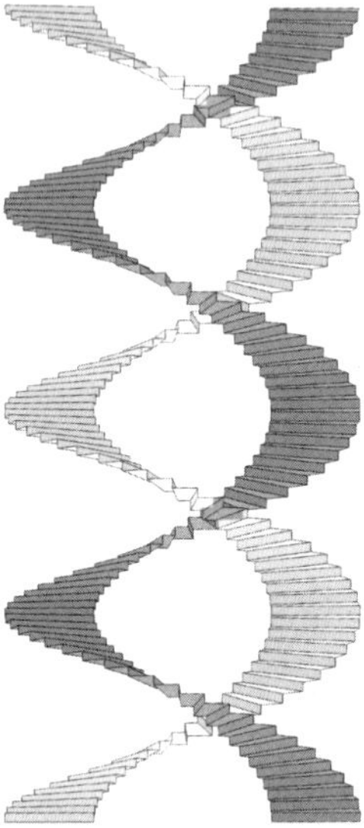

二重の螺旋階段概念図

■回廊

ドンジョン（天守）は長い回廊によって周囲を取り囲まれている。

回廊の中には多くの部屋が造られていて、それぞれにガラス製の窓が設けられている。四隅には円柱状の塔が立っており、南に面した部分には中庭へとつづく門が設けられていた。

しかし、目立った造りになっているのは城館の北側にそびえる鐘楼《しょうろう》を持った塔くらいで、南側の小塔や門は地味なものとなっている。

■濠《ほり》

回廊を取り囲むようにして広い濠が設けられていたが、あくまで装飾的意味合いが強いものでしかなく、現在では埋め立てられて芝生になっている。

シュノンソー城館
Château de Chenonceau

建築年代	16世紀
所在地	フランス

シュノンソー城館は「シェール川の宝石」とも呼ばれる美しい城で、フランスの城館の中でも高い人気を誇っている。シェール川はフランス中部を流れるロワール川の支流の１つである。

当時、フランス第一の建築家であったフィリップ・ド・ロルムによって設計された。シェール川に渡された橋の上に3階層からなる館を設けるというかなり奇抜なスタイルを持つ。当然、防御能力についての考察は皆無。城砦らしさを残しているのは、館とは別に築かれたドンジョン（天守）くらいである。

このユニークな城が誕生した背景には、おもしろいエピソードが残されているので紹介しよう。

フランス国王・アンリ２世（在位1547～59年）は、自分の愛妾であったディアヌ・ド・ポアチェにシュノンソー城館を与え、寵愛していた。この頃のシュノンソー城館は今のような奇抜な建物ではなく、橋の上に設けられた館もなかったという。

しかし、アンリ２世の死後、ディアヌは彼の正妻であったカトリーヌ・ド・メディチによってこの城から追い出されてしまった。イタリアの名門メディチ家出身の彼女には、この愛妾の存在ががまんならなかったのだろう。カトリーヌはディアヌを追い出しただけでは飽き足らず、シュノンソー城館自体も造り替えてしまったのである。

こうして生まれたのが現在残されている橋上宮殿というわけだ。嫉妬とは、なんとも恐ろしいものである。

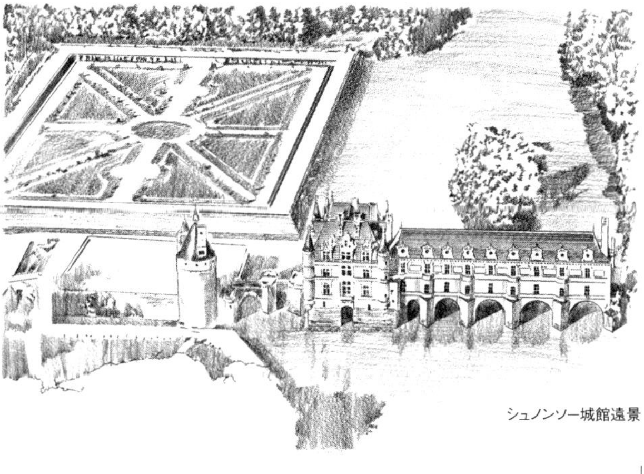

シュノンソー城館遠景

ハイデルベルク城

Schloss Heidelberg

建築年代	16世紀
所在地	ドイツ

ハイデルベルク城はドイツ初期ルネサンスの代表的な城だ。

城砦としての歴史は古く、13世紀までさかのぼることができるが、その後のたび重なる修復や改築によって居住本位の館が数多く増設され、現在では宮殿と呼ぶべき造りとなっている。

中でもルネサンス式宮殿としての特徴が強いのが、1556年から1563年にかけて建設された「オットハインリヒスバウ（オットー・ハインリヒの館）」だ。

オットハインリヒスバウは外観3階建ての館で、赤色砂岩《せきしょくさがん》の壁は半円柱などの柱状装飾、2連窓、想像上の怪物の姿を模した奇怪な彫刻などで飾られている。

この他にも5階建ての大型建築「フリードリヒスバウ（フリードリヒの館）」などのルネサンス建築の館が立ち並び、こちらは現在でも多くの観光客に親しまれている。

column:

白鳥城 ——ノイシュヴァンシュタイン城

ノイシュヴァンシュタイン城はドイツが世界に誇る名城の1つである。

ディズニーランドのシンデレラ城のモデルといえば、どれだけ華麗な城なのかわかってもらえるだろう。どの様式にも属さない美しさは、まさにこの城独自のものなのである。

しかし、ノイシュヴァンシュタイン城はただ美しいだけの城ではない。1人の王の夢と、それにまつわるおどろおどろしい話が潜んでいるのである。

ノイシュヴァンシュタイン城は、ドイツ・バイエルン王国の若き国王ルートヴィヒ2世（在位1864～86年）が、1869年から17年もの歳月をかけて造営させた城である。美しい湖を背景にして、まるで白鳥のごとく優雅にそそり立っているところから白鳥城の異名もある。

だが、この城の造営にはとにかくお金がかかった。同時期にリンダーホーフ宮殿、ヘレンキームゼー宮殿などを造営したせいもあるだろうが、バイエルン王国の国庫を大いに傾かせることになってしまったのである。

結果、彼は狂王の烙印を押され、摂政で叔父のルイポルト公によって捕らえられ、監禁されることになってしまう。

その後、ルートヴィヒ2世は監禁場所のベルグ城の近くにあるシュタルンベルク湖で浮かんでいるところを発見されている。それはノイシュヴァンシュタイン城完成から、わずか3カ月後のことであった。

なぜ、若い国王が国を傾けてまでこれらの城を造営したのか、現在でも詳しいことはわかっていない。一説によれば彼はフランス・ブルボン王朝に異常なまでに心酔しており、その華麗な文化を祖国バイエルンに再現しようとしていたのではないかといわれている。

事実、リンダーホーフ宮殿はベルサイユ宮殿のプチ・トリアンノ宮を模して造られたものだ。外界にほとんど接したこともなく、芸術をこよなく愛した彼の人柄から考えれば、その説は納得できるものといえるかもしれない。

しかし、周囲の人から見ればそのような理想も、狂気としか映らなかったのであろう。

もっとも造営当初は狂気の沙汰といわれたこの城が、現在では観光資源としてバイエルン地方を支えているのだから皮肉なものといえるのかもしれない。

さて、この城には幽霊話も残されているので、最後に紹介しておこう。

　ある年、ミュンヘンに住むエリザーベータという少女が母親と一緒にこの城を訪れ、そして行方不明になった。６月13日、ルートヴィヒ２世の命日である。幸いその日の夕方には無事発見されたが、発見現場は車で２～３時間もかかるベルグ城の近くであった。不審に思い尋ねてみると、彼女は次のようなことを話したのである。

　彼女がノイシュヴァンシュタイン城の王の間にいると、誰かが彼女の肩を叩いた。ふりかえるとそこには王の肖像画そっくりの人物が立っていた。彼は彼女に「もしよければ一緒にいらっしゃい」といい、シャンデリアの美しい部屋でヴァーグナーの「ローエングリン」をピアノ演奏して見せた。しばらくすると、そこに兵士たちが乱入し、王を捕えると湖に漬けて殺してしまった。死んだ王が彼女に「もうお帰り」と告げると、そこはシュタルンベルク湖のすぐ側だったという。

ノイシュヴァンシュタイン城外観

バロック式宮殿

主要分布地域：ヨーロッパ全土
登場年代：16世紀末

バロック式宮殿は、16世紀末にイタリアで発生し、17世紀から18世紀前半にヨーロッパ全土で展開されることになるバロック様式を用いて築かれた建築物である。

バロック様式は均衡と調和を基本としたルネサンス様式とは異なり、見た目のインパクトと劇的な刺激を与えることを目的とした建築である。そのため、巨大で圧倒的な外観を持たせたり、複雑で立体的な構成が用いられることが多い。装飾も多彩に取り入れられ、時には視覚的な錯覚を利用することもあったという。

さらに、ルネサンスの本来の理念である古典様式の技術的な完成と建築、絵画、彫刻の統合を目指し、光線や音楽まで取り入れられていた。中でも絵画は盛んに利用されていて、騙し絵で柱などを表現して見せたり、大理石を用いる代わりに絵画で代用することすらあったという。

もちろん絵画の利用はこのような代用的なものばかりではなく、モザイクによる華麗な絵画やフレスコ画による壮大な天井画なども描かれ、建築物の価値を高めていた。

また、バロック様式の建築は周囲の庭園や都市までも1つの作品としていることも多く、宮殿などの建築物はその作品の中核ではあっても芸術の断片にすぎないこともあったという。

このように高度な技術を要するバロック様式の建築は、誰でも用いることができるものではなかったため、この技術を生かして築かれた宮殿を所有する者は、ごく限られた権力者のみにとどまっている。

バロック式宮殿

ベルサイユ宮殿

Palais de Versailles

建築年代	17世紀	所在地	フランス

太陽王の力の象徴

1668年に築かれたベルサイユ宮殿。それはフランス・ブルボン王朝の歴史を見つめた世界的に有名な建築物であると共に、「朕は国家なり」といい太陽王と呼ばれたルイ14世（在位1643～1715年）の権力を象徴したモニュメントである。

1660年頃、ベルサイユの地に自分の権力を示すための宮殿を築こうと考えていたルイ14世は、その翌年の1661年にその野心を決定づける出来事に遭遇する。それは、財務長官ニコラ・フーケの宮殿ヴォー・ル・ヴィコント城に招かれ、贅《ぜい》を尽くした大宴会でもてなしを受けた時のことだ。

フーケの宮殿は緻密で美しく、当時の金額で実に1800万フランの巨費を投じて完成されたものだった。宴会も黄金の皿数百ダースに盛りつけられた山海の珍味がならび、何千本もの松明を掲げた中で演劇が繰り広げられるという豪華なものだったという。

このような権勢を王以外の者が振るうことを、ルイ14世は容認しなかった。なぜなら国を統治するうえで、彼のような存在は邪魔者以外のなに者でもなかったからである。王は即刻フーケを捕らえると、ヴォー・ル・ヴィコント城を閉鎖させた。そして、この宮殿を超える究極の宮殿を築くことを決意するのである。

こうして誕生することとなったベルサイユ宮殿は、フーケの宮殿を造った3人の巨匠、建築家ル・ヴォー、造園家のル・ノートル、絵画や彫刻を担当したル・ブランが起用され、全長425メートル、収容人数1万人にもおよぶバロック式宮殿の代表的ともいえる壮大な建築物となった。

ベルサイユ宮殿の盛衰

ルイ14世による建築の後も、ベルサイユ宮殿は140年にわたって増改築をつづけていった。

宮殿内ではさまざまな宮廷劇が繰り広げられた。ルイ14世の寵愛をめぐる貴婦人同士のいさかいから発展した黒魔術騒動、ルイ16世とその妻マリー・アントワネットたちによって開かれた華やかな宴。

しかし、それらは、確実にブルボン王朝の命脈を縮めていった。なぜなら、そこに投じられる巨万の富は、貧困にあえぐ民衆から搾り取られたものだったからである。

民衆は自分たちを守るために立ち上がり、ブルボン王朝を滅ぼした。そして、主を失ったベルサイユ宮殿は放置され荒れ果てていった。その後も1871年、普仏戦争でプロシア軍に占領されるなどの不遇はつづく。

ベルサイユ宮殿が本来の姿を取り戻したのは、1928年におこなわれたロックフェラー財団の修復作業の後のことである。

ベルサイユ宮殿外観

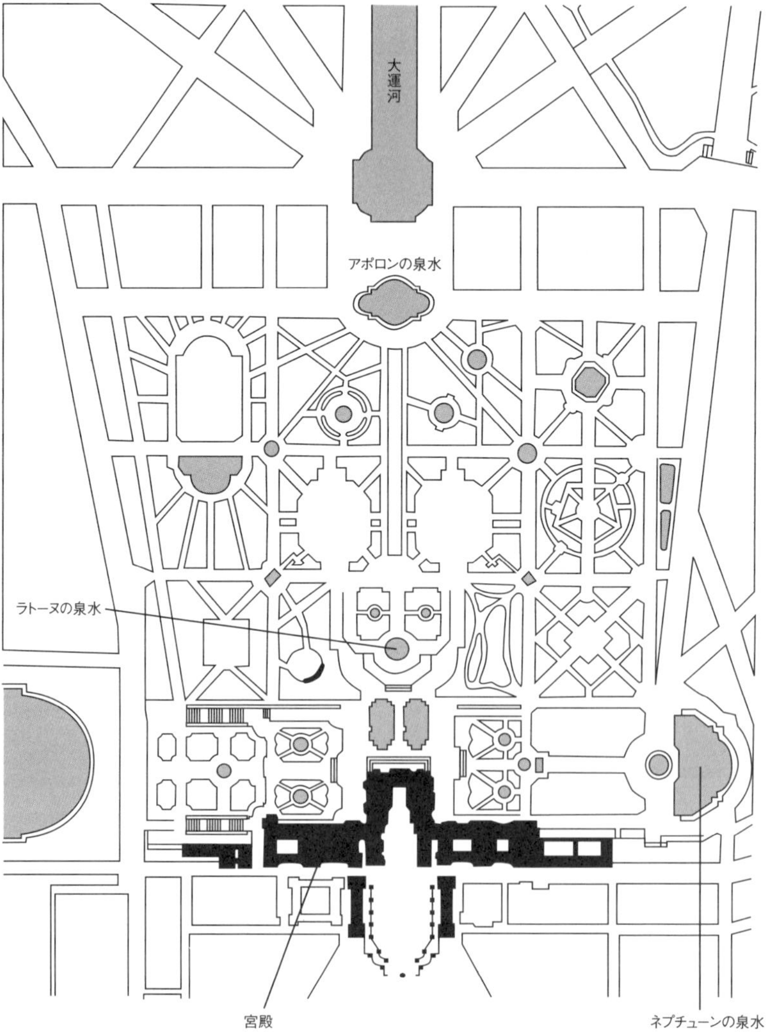
大運河
アポロンの泉水
ラトーヌの泉水
宮殿
ネプチューンの泉水

ベルサイユ宮殿平面図

ベルサイユ宮殿の設備

完全な対称形を誇るベルサイユ宮殿は、その姿をほぼとどめており、現在でも観光の名所として知られている。

■グラン・タパルトマン

グラン・タパルトマンと呼ばれる大居室は、ベルサイユ宮殿の中央部に位置する一角にあり、「鏡の間」を通じて王の居室があるアパルトマン・デュ・ロワ、王妃たちの部屋があるアパルトマン・ラ・レーヌとつながっている。

ル・ヴォーが設計し、ル・ブランが装飾を施したこの大居室は「ビーナスの間」や「マルスの間」などの6つの部屋からなり、主に御前《ごぜん》会議や宴に使われていた。グラン・タパルトマンの6つの部屋はそれぞれ部屋ごとに描かれた天井画から名前を取っている。

■鏡の間

ベルサイユ宮殿の中でも最も美しいとされているのがこの「鏡の間」だ。

幅10メートル、奥行き75メートル、高さ13メートルの大広間は、庭園に面した壁に17の窓があり、その反対側には400枚もの鏡が張られている。天井にいくつも飾られたシャンデリアや、壁面を飾る彫刻は贅《ぜい》を凝らしたもので大変美しい。

1919年のベルサイユ条約調印式の会場として使用されている。

鏡の間

■アパルトマン・デュ・ロワ

王の寝室があった区画がこのアパルトマン・デュ・ロワである。

5部屋からなるこの区画は帯状装飾で飾られた美しい天井を持ち、バロック式の建築物の特徴をよく備えている。

■アパルトマン・ラ・レーヌ

4部屋からなるこの居室は、王妃専用の区画だ。

美しい文様の壁紙で装飾されたこの部屋は、ルイ14世の王妃マリー・テレーズ、ルイ15世の王妃マリー・レクジンスカ、ルイ16世の王妃マリー・アントワネットと3人の王妃が使用したことで知られている。

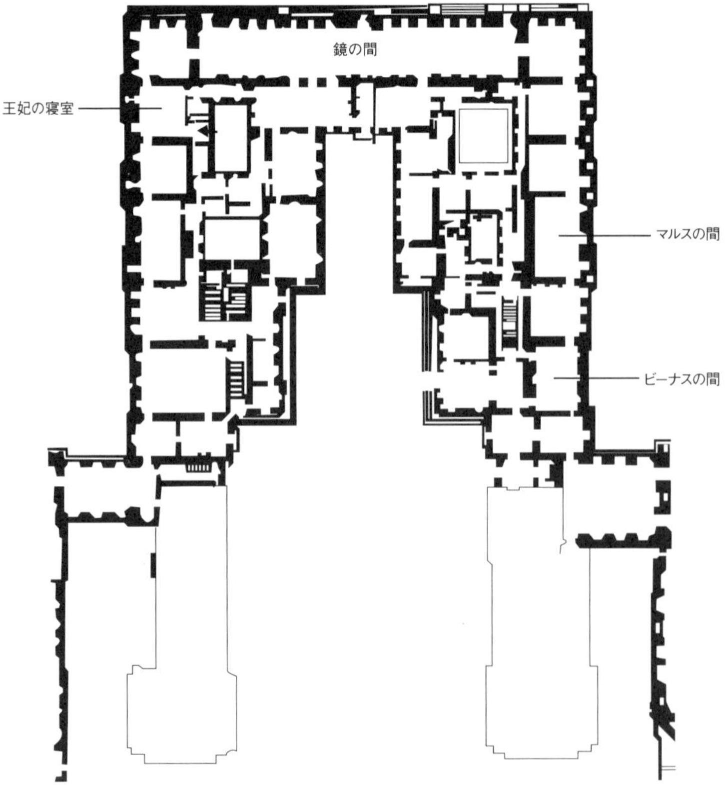

王の間などがある2階の1区画

ヴォー・ル・ヴィコント城

Château de Vaux-le-Vicomte

建築年代	17世紀
所在地	フランス

ヴォー・ル・ヴィコント城はベルサイユ宮殿で紹介した悲運の財務長官ニコラ・フーケが自分の成功を誇るために築いた豪華な宮殿だ。

1800万フランを投じて築かれた宮殿は、周囲を濠で囲まれ、前庭には厩舎棟と厨房棟を備えている。敷地中央にそびえる本館の周囲には庭園家ル・ノートルの手による庭園が広がっており、とても美しい。内部も素晴らしく豪奢だ。有名な楕円形の広間や王のための部屋、そしてフーケ自身を象徴したヘラクレスの間は一流芸術家による絵画や彫刻、工芸品に囲まれまばゆいばかりであった。

しかし、その豪華さゆえにこの宮殿は主であるフーケを捕らえられ、自身も閉鎖の憂き目にあった。現在ではすっかり修復され観光地として人々の目を楽しませている。

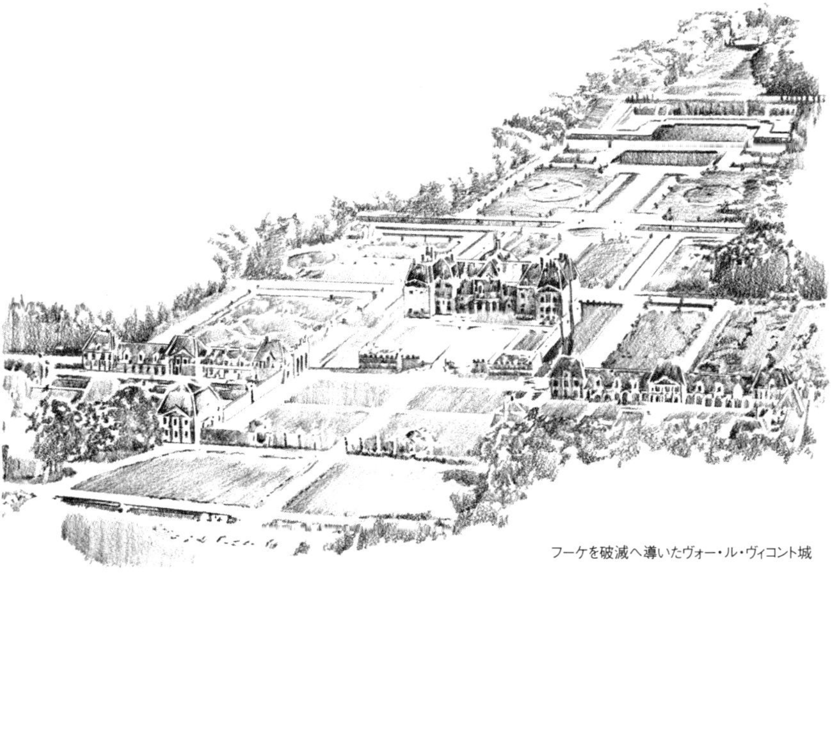

フーケを破滅へ導いたヴォー・ル・ヴィコント城

ロシア・ビザンチン様式宮殿

主要分布地域：ロシア
登場年代：不明

ロシア・ビザンチン様式宮殿は、ロシア古来の建築と東ローマ帝国の末裔であるビザンツ帝国の建築様式が融合することによって誕生した、独自の美しさを誇る宮殿だ。

1452年、オスマン帝国によって滅ぼされたビザンツ帝国であったが、その伝統は当時のロシア皇帝イヴァン3世によって受け継がれていくことになる。イヴァン3世はローマ帝国とそれに連なるビザンツ帝国に強い憧れを抱いており、常々その栄光ある歴史の後継者として君臨することを夢見ていた。その彼がビザンツ帝国最後の王コンスタンティヌス11世（在位1448〜53年）の姪《めい》ソフィア・パラロイガをめとり、文化を受け継いだのはごく自然の成り行きだった。

ビザンツ帝国の文化はロシアに流入し、長い時間をかけてロシア独自の文化へと発展していく。それは建築様式も同様だった。

ロシア・ビザンチン様式宮殿は、ロシア古来からの木造建築と、ビザンツ帝国から流入した石造建築を基本として発達してきた建築技法である。ロシア人はよくアンサンブルという言葉を使うが、これらの建築物には威圧感がなく、バランス感覚に優れ、生命感にあふれている。

塔の建て方や空間の取り方が非常に密集していることも大きな特徴の1つだ。ビザンツ帝国の伝統を受け継ぐもので、当時のヨーロッパの建築が大きな空間を取るようにしていたこととくらべると、非常に対照的だといえるだろう。

そして、忘れてはならないのがタマネギ型のドームだ。

独特の形を持ったドームは、もともとビザンツ帝国で用いられたドームを模倣したものだったが、雪深いロシアの気候に合わせて形状が変化し、現在の形になったらしい。ドームは木製で、内部の骨組も木でできている。

ロシア・ビザンチン様式宮殿は他の土地では見ることのできない独特なものであり、非常に幻想的な建築物である。

ロシア・ビザンチン様式宮殿

クレムリン宮殿

Kremlin

建築年代	15世紀	所在地	ロシア

破壊と創造を繰り返した大宮殿群

ロシア共和国の首都、モスクワにそびえるクレムリン宮殿は、ロシアを代表する大宮殿群だ。

クレムリンは本来、ロシア語の「城」を意味する言葉であるため、厳密にはクレムリンと呼ばれる建物はロシアに多数存在する。しかし現在クレムリンといった場合には、モスクワにあるクレムリン宮殿を指すことが多い。

1156年、モスクワ公が小さな木造の砦をモスクワ川岸にある三角形の台地に築いた。これがこの地に築かれた最初の城である。しかし、この砦はモンゴル系のタタール人の侵攻によってすぐに破壊されてしまった。1366年、今度は城壁を石造りにして再建されるが、これもすぐにタタール人によって侵略され破壊されてしまったようだ。

現存するクレムリン宮殿の城壁や塔の基盤は1485年、モスクワ大公イヴァン3世（在位1462〜1505年）によって築かれたものである。イタリア、ミラノ王国の建築家マルコ・ルッフォを招いて造営させたこれらの施設は、ミラノ王国を支配するスフォルツア家の城の形状をもとにして建築されていたという。

1495年に完成した城壁は、全長約2キロメートルにもおよぶ巨大な三角形をしていた。赤石造りの城壁には無数の銃眼と20の高楼が立ち並んで宮殿を飾ると共に外敵に備えていたという。城壁の中には多数の宮殿と寺院がひしめき合っていた。

だが、この城もまた1812年のナポレオン軍の侵攻を受け、焼失の憂き目にあっている。焼失した宮殿は26年後、ロシア人建築家コンスタンティン・トーンによって再建されたが、クレムリン宮殿が再び歴史の表舞台に現れるのは、20世紀初頭に社会主義革命を成し遂げたレーニンが首都をモスクワに定めた後のことであった。

権謀術数の舞台

クレムリン宮殿で起こった悲劇は、宮殿を破壊していっただけではない。その中に住む人々もまた、さまざまな事件に巻き込まれているのである。

ロシアにビザンツ帝国の文化をもたらしたイヴァン3世の孫である雷帝イヴァン４世（在位1533〜84年）はカザン・ハーン国を併合しロシア初の皇帝（ツァーリ）となった。しかし晩年は疑心暗鬼に陥り、些細ないさかいから信頼すべき自分の息子を王笏《おうしゃく》で殴り殺してしまったという。

また、イヴァン雷帝の後を継いだ息子のフョードル皇子は政治的な能力に欠けたため、妹婿のボリス・ゴドゥノフによってすぐに実権を握られてしまう。しかしボリスの政権は安定したものではなく、皇帝の名を騙《かた》る青年による反乱や、その青年の暗殺、さらにその報復といった事件がつづき、ついには混乱に乗じたポーランド軍によってクレムリン宮殿を占拠されてしまうのである。

その後も、クレムリン宮殿がさまざまな歴史的事件の舞台となっていったのは歴史が示す通りだ。

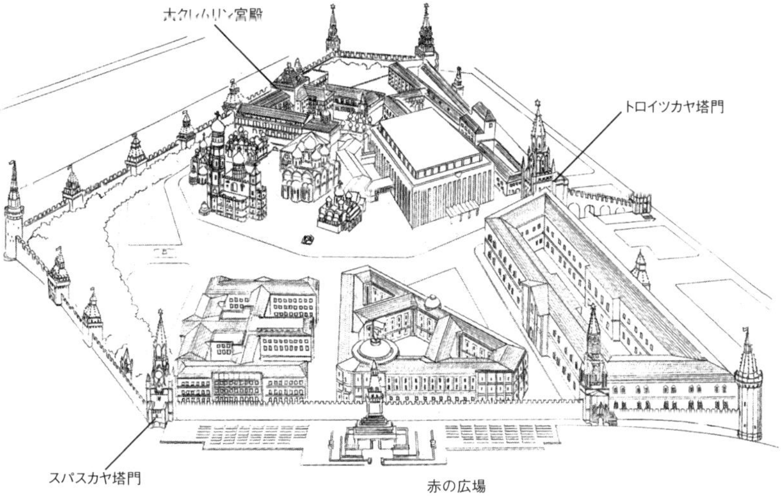

クレムリン宮殿全景

N
赤の広場
バービカン
スパスカヤ塔門
トロイツカヤ塔門
0 100 200 300 400 500
(m)

クレムリン宮殿平面図

クレムリン宮殿の設備

現在も大統領府が置かれているクレムリン宮殿は、たび重なる再建によってさまざまな施設を残している。

■大クレムリン宮殿

大クレムリン宮殿はクレムリンの中枢となる施設である。

1848年の建築時にグラノヴィータヤ宮殿などの既存の建築物を呑み込むように造られたこの建物は、ロシア皇帝の私邸として用いられていた。

宮殿の中の各ホールにはセントゲオルギー・ホールなど、帝政ロシア時代の勲章にちなんだ名称がつけられている。

なお、現在この建物は一般の人は入ることができない。

■城壁

クレムリン宮殿を覆う、高さ５～９メートル、厚さ3.5～6.5メートルからなる巨大な城壁は、角となる部分を守る円形の塔と、５つの塔門、そして小型の塔を多数備えている。塔は皇帝や旧ソ連の権威を示すべく美しく飾り立てられており、クレムリン宮殿の重要な景観の１つとなっている。

■トロイツカヤ塔門

トロイツカヤ塔門は城壁に設けられた塔門の中でも最大のもので、高さは80メートル。内部は５階層に区切られていて、地下２階には弾薬庫が設けられていた。

クレムリン宮殿の正門として用いられていて、ナポレオンやレーニンもこの門から入殿したという。

■スパスカヤ塔門

赤の広場に面した部分に建てられた城門で、政府要人などの公用の入り口として使われている。大時計と塔頂に飾られた星形のルビーが特徴である。

■ロシア大統領府

クレムリン宮殿は、今でもロシア共和国の政治的中枢として用いられている。その建物がロシア大統領府だ。

ロシア革命の後、革命の父と呼ばれた指導者レーニンが住んでいたもので、城壁を隔てた外側にはレーニン廟が設けられている。

■ウスペンスキー大聖堂

ロシアの歴代皇帝が戴冠式《たいかんしき》をおこなったという由緒正しき聖堂。名は「生神女御就寝」という意味を持ち、内部には聖母マリアをモチーフにしたイコン（聖画像）が掲げられている。

イスラム式宮殿

主要分布地域：中東〜イベリア、インド方面
登場年代：15世紀

イスラム式宮殿は、オスマン帝国のコンスタンチノープル占領を機に発展していった宮殿建築だ。

ビザンツ様式を取り入れた煉《れん》瓦《が》造りの宮殿は、多種多様なアーチによって飾られ、「ミナレット」と呼ばれる尖塔《せんとう》を備えている。これらの施設はモザイク模様やタイルなどで彩られ、西洋の建築とはまったく違う美しさをかもし出していた。装飾は、イスラム教では人間や動物を絵画や彫像に表すことが許されていないため、細かい連続性を持つ植物模様と文字模様からなるアラベスク装飾や幾何学装飾などが用いられている。

大きな中庭を設けることも特徴の1つで、宮殿に涼やかさと美しさを与えるだけでなく、中央に設けられた噴水で身を清めるための宗教的な場所でもあった。

イスラム式宮殿

トプカプ宮殿

Topkapi Sarayi

建築年代	15世紀	所在地	トルコ

スルタンの華麗なる宮殿

地中海に浮かぶ美しい都市イスタンブール。この地に築かれたトプカプ宮殿は約0.7平方キロメートルにもおよぶ巨大な宮殿だ。

15世紀、イスタンブールはローマ帝国の流れをくむビザンツ帝国の支配下にあり、コンスタンチノープルと呼ばれていた。

イスラム教の開祖ムハンマドはこの東西貿易の要所を重要視し、自分の信徒に「コンスタンチノープルを開城し、そこをバラの園に変えよ」と遺言を残したという。以降多くのイスラム教徒たちがコンスタンチノープルを攻め落とすことを夢見てきた。

この夢を果たしたのがオスマン帝国の若きスルタン（皇帝）メフメト２世（在位1451～81年）である。彼はコンスタンチノープルを攻め落とすと、ギリシャ語で「街へ」という言葉をもとにイスタンブールと改名、破壊された都の復旧に乗り出す。そして、イスラム教の威光を示すべくトプカプ宮殿を築いたのである。

６年の歳月をかけて完成した宮殿はボスポラス海峡を望む丘に立ち、全長５キロメートルの城壁で囲まれ、内部はスルタンの住居であると共に、4000～6000人もの人口を抱える１つの町であった。

ハーレムの美姫

当時のイスラム世界では一夫多妻が普通であり、スルタンともなれば多くの美女を妻としていた。そのためトプカプ宮殿には、彼女たちを住まわせるためのハーレムと呼ばれる区画が存在している。ハーレムには、スルタンにもよるが300人を超える女性たちが暮らしており、独特の社会を形成していたという。

しかし、同じ男性の寵愛を競う女性たちの集団であるがゆえに、一度スルタンの寵愛が傾くとその嫉妬の嵐はすさまじいものであったらしい。

ある女性は顔を傷つけられ、ある女性は毒を盛られた。そして時には崖から突き落とされる女性もいたという。

トプカプ宮殿は、現役の宮殿として1853年まで使用されていた。現在これらの建物は観光用に解放され、世界中から観光客が訪れている。

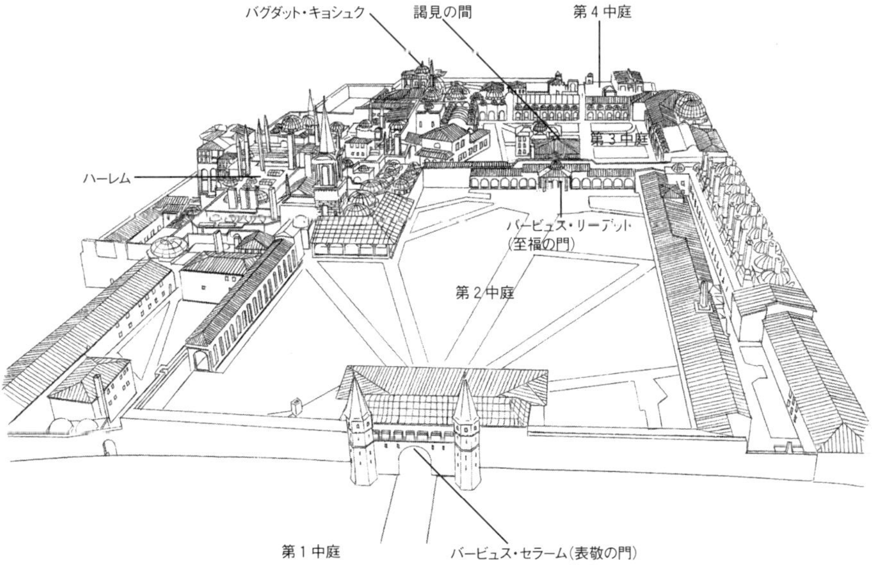

トプカプ宮殿全景

トプカプ宮殿の設備

大砲の門という意味の名を持つトプカプ宮殿は、通常の意味での宮殿とは違い、中心となる建物が存在していない。どちらかといえば、この宮殿の中心となっているのは中庭であり、その機能を邪魔しないようにさまざまな建物が配置されている。

■第1中庭

トプカプ宮殿を大きく取り囲む外城壁と、宮殿部の内城壁のあいだに広がっているのが第1中庭である。

ここには病院やパン焼き場、武器庫、造幣局などが設けられていた。現在では駐車場として利用されている。

■バービュス・セラーム（表敬の門）

宮殿部分の外側に広がる第1中庭から第2中庭に通じる門。左右には尖った屋根を備えた尖塔《せんとう》がそびえている。この様式は、メフメト2世時代の典型といえるものだ。

この門をくぐった先が本来のトプカプ宮殿といえる建造物である。

■第2中庭

宮殿部分に入って最初の中庭が第2中庭である。ここから第3中庭にかけてが、本来の意味合いでの宮殿といえる施設だろう。

別名ディワン（政庁）の広場と呼ばれ、議会場、宮廷金庫、警備隊宿舎、厨房、厩舎が設けられていた。

■バービュス・サーデット（至福の門）

宮殿の中心部である第3中庭に通じているのが、バービュス・サーデット（至福の門）である。18世紀にロココ調に改築され、スルタンの側近しか通ることができなかったという。

■第3中庭

スルタンの家族や政府の高官、軍隊の士官、親衛隊候補生のための中庭である。

居住区以外にも、謁見の間やアフメト3世が建てた図書館、宮廷学校のモスクが設けられていた。

■第4中庭

最後に控えるこの第４中庭は、スルタンのプライベートスペースとして使われていた。キョシュクと呼ばれる東屋《あずまや》が設けられている。

■バグダット・キョシュク

スルタンが中庭で休憩するために造られた東屋の１つで、1638年のムラート４世によるバグダット征服を記念して建てられたものである。

上から見ると十字形をした建物には木製のドームが設けられ、十字形の張り出した部分にはクッションをめぐらしたゆったりとできるスペースが用意されていた。

■ハーレム

宮殿の北側、第２中庭から第３中庭にまたがるように立っているのが、有名なハーレムである。ハーレムとはアラビア語のタブーを意味する言葉で、男子禁制であることからつけられた名称だ。

スルタンとその家族、特に寵姫たちのための生活空間であったため、小さな建物が集合したような造りになっている。豪奢な装飾が施されてはいるものの、ヨーロッパの宮殿のように奇をてらった建築様式は用いられていない。

唯一の例外はスルタンの大広間だ。室内は大きなアーチで２つに区切られ、１段高くなった空間は宮廷の楽師たちの舞台として使用されていた。

白いタイルで覆われた大きな空間は、諸外国からの贈呈品で埋め尽くされている。部屋の大鏡の裏には、緊急時の脱出路として隠し通路が設けられていた。

スルタンの大広間

ドルマバフチェ宮殿
Dolmabahce Sarayi

建築年代	19世紀
所在地	トルコ

1853年に第31代スルタン、アブデュル・メジド1世（在位1839〜61年）が押し寄せる西洋化の波の中、トプカプに代わる新たな居館として築いた宮殿、それがドルマバフチェ宮殿である。

この宮殿が立っている場所は、メフメト2世がコンスタンチノープル侵攻の際に軍艦を陸に上げたとされる土地で、侵攻後は王家の庭園として利用されていたという。その後、17世紀初頭にアフメト1世とその息子オスマン2世が庭園拡張のために大規模な埋め立て工事をおこなったことから、トルコ語で「埋め立てられた土地」を意味する「ドルマバフチェ」という名で呼ばれるようになった。

元々風光明媚な場所であり、王家にとっても縁起の良い場所である。アブデュル・メジド1世が新たな宮殿を作成する土地として選んだのも当然かもしれない。

海峡に沿って築かれた2階建ての建物は総面積約1万4600平方メートルの巨大さを誇り、大理石で覆われた美しいものだ。その建築様式は西欧の国々に対する意識から、左右対称である典型的なバロック式宮殿のものを取り入れている。しかし、内部に施された豪華な装飾はトプカプ宮殿と同じ建築理念からなるものだといえるだろう。中でも、宮殿の公的部分にあるクリスタルの階段とホールは、オスマン帝国の栄光を今に伝えるものである。

ドルマバフチェ宮殿はオスマン帝国末期の6人のスルタンが生活し、帝国崩壊後はトルコ共和国初代大統領ケマル・アタチュルク（在位1923〜38年）が居館として利用した。現在でも政府主催の重要なレセプションに使われている。

バロック調の外観を持つドルマバフチェ宮殿

中国式宮殿（明清時代）

主要分布地域：中華人民共和国
登場年代：不明

中国式宮殿の歴史は古く、都城《とじょう》が誕生した頃にはすでに存在していた。なぜなら中国の城砦は、防御施設を城壁とそこに付随した砦などに任せた特殊な形式だったからである。

城の中心部には防衛上の要となるべき天守を持たず、権力者が住み政治的な中心となる宮殿が設けられている。この形状は、古代の城壁都市に近い形状であったが、中国の宮殿はより芸術的な建築物へと発展していく。巨大な都市の中に築かれた宮殿は、それ自体かなりの大きさを備えておりヨーロッパの城砦や宮殿とくらべても遜色がなく、その当時の技術の粋を集めた豪奢なものだった。

これらの宮殿は、1本の南北に伸びる主線軸を持ち、この線上に左右対称になるように建築物が建てられている。

明や清の時代に築かれた宮殿の場合、主要な建築物はすべて高い基壇《きだん》(基礎となる石や土で築いた壇)の上に築かれ、より重要でないものは基壇も小さく、建物も小さくなっていく。この建物ごとの等級は、柱の数などの建築様式にもあてはまり、その時代ごとに最も高級だとされる形状が最も重要な施設に用いられた。装飾品も同様で、重要度の低い施設には簡素な調度品すら置かれなかった。

また、中国式宮殿は建物に用いられている色彩も独特である。

建物の外部においては屋根や壁面には暖かい暖色を用い、暗い軒下には青や緑などの寒色を用いて色調の重なりを豊かにし、建物の内部においては、金を主として青や緑の地の色を用いて薄暗い屋内に輝きを与えていた。

紫禁城（故宮）

Zi jing cheng (Gu gong)

建築年代	15世紀	所在地	中華人民共和国

中国2大王朝の宮殿

明《みん》（1368〜1644年）、清《しん》（1644〜1912年）という2つの王朝にわたって権力の中枢として使用された紫禁城は、フランスのベルサイユ宮殿（P180）に並ぶ壮麗な建築物である。

この宮殿はもともと、モンゴル人王朝である元《げん》の首都・大都《だいと》を基礎に造り上げられた都城《とじょう》・北京《べきん》城の中枢部にあたる位置にあり、1406年に明の永楽《えいらく》帝（在位1402〜24年）の命によって築かれた。

東西752メートル、南北961メートルのほぼ長方形の宮殿は、約0.7平方キロメートルの敷地を持ち、その周囲は高さ10メートルの城壁と幅52メートルの濠で囲まれている。

城壁の内部は、風水《ふうすい》の思想に基づいて約800棟の建物が並び、屋根は皇帝のみが使うことを許された黄色の瓦《かわら》によって飾られていた。

壮大な宮殿は1420年に完成し、翌年に一度焼失したもののたび重なる改修を加えられながら歴代の皇帝たちの住む館、そして中国の政治の中枢として実に500年以上のあいだ使用されていく。

その間、紫禁城で権力を振るった皇帝は実に24人。中国最後の皇帝・溥儀《ふぎ》（在位1908〜12年）までつづいたのである。

亡国の宮殿

宮殿の中では、皇帝とその臣下による贅《ぜい》を尽くした生活が営まれ、さまざまな喜悲劇がそれを彩った。しかし、永遠につづくかと思われたその生活も、19世紀末からの国内の混乱、イギリスとの戦争、諸外国の圧力の前に終わりを迎えることになる。

当時、清の政権を握っていたのは、西太后《せいたいごう》（1835〜1908年）であった。彼女は野心家で決して無能な人物ではなかったが、混乱する国内を治めるために必要な財源を国民から搾り取り、民衆を苦しめていたのである。徴収された金品は彼女自身の贅沢のためにも用いられていたため、国民の反発は一層強いものとなった。

そうして起こったのが孫文《そんぶん》、袁世凱《えんせいがい》らによる辛亥《しんがい》革命（1911年）である。中国は共和国となり、当時即位したばかりの幼帝溥儀は皇帝退位の勅令を出すことになったのだ。

しかし、溥儀たち清王朝の人間はその後も紫禁城で暮らすことを黙認され、暮らしも優雅なものであった。

その生活に終止符を打ったのが孫文、袁世凱亡き後の国民軍の将軍・馮玉祥《ふうぎょくしょう》である。彼は溥儀たちを紫禁城から追い出し、その特権をすべて奪い取ってしまったのだ。

こうして、紫禁城はその長い歴史に幕を閉じたのである。

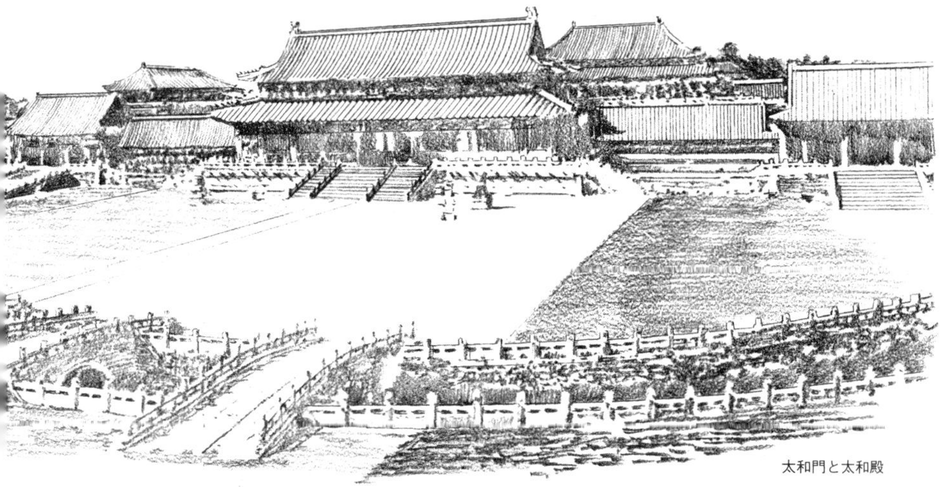

太和門と太和殿

紫禁城の設備

紫禁城は1924年に最後の皇帝・溥儀《ふぎ》が去るまでのあいだ、現役の宮殿として使用されていた。

現在では故宮《こきゅう》博物館として公開されており、皇帝たちがすごした壮麗な宮殿の様子を見ることができる。

なお宮殿は、政治をつかさどる「外朝」と、皇帝の住む「内廷」の２つのブロックに分かれている。

■太和殿《たいわでん》

紫禁城の中でも最も規模が大きく、雄大な外観を持つ施設である。間口63.9メートル、奥行き37.17メートル、高さ26.92メートル。

中央に９頭の龍が彫られた黄金の玉座が鎮座し、その周囲は金漆屏風《きんしつびょうぶ》や緑色の下地に黄金の龍が描かれた格《ごう》天井で飾られている。

主に皇帝の即位や重要な式典、勅令の頒布といった重要な儀式をおこなう際に使用されていた。

■中和殿《ちゅうわでん》

太和殿での式典の際、皇帝が休息を取ったり、臣下からの朝の挨拶を受けたりするのに使われた施設である。

中和殿、太和殿、保和殿は中国独自の風習によって美しい彫刻が施された３層の基礎を備えていた。この様式は皇帝の権威を象徴するものであるという。

■保和殿《ほわでん》

大晦日などの際の酒宴や、皇帝自らがおこなう科挙試験の会場として用いられた施設である。

この保和殿と中和殿には、太和殿と同じように玉座が据えられていた。

■乾清門《けんせいもん》

外朝から内廷に入るための門。美しい格天井や彫刻で飾られた門前には、黄金に輝く獅子の像が飾られていた。

■内廷《ないてい》

内廷は外朝にある太和殿、中和殿、保和殿と同じように、３つの建物で構成されている。

一番南側の「乾清宮《けんせいきゅう》」は、皇帝の寝所であり、日常的な政務をおこなう場所でもあった。最北端の「坤寧宮《こんねいきゅう》」は皇后の寝所である。設計段階ではこの２つの建物のみが築かれる予定だったのだが、後に交泰殿《こうたいでん》という建物が追加された。

■養心殿《ようしんでん》

18世紀前半に乾清宮に代わって、政務をおこなう場として使われるようになった建物である。清朝末期には、西太后《せいたいごう》がここで執務をおこなったという。

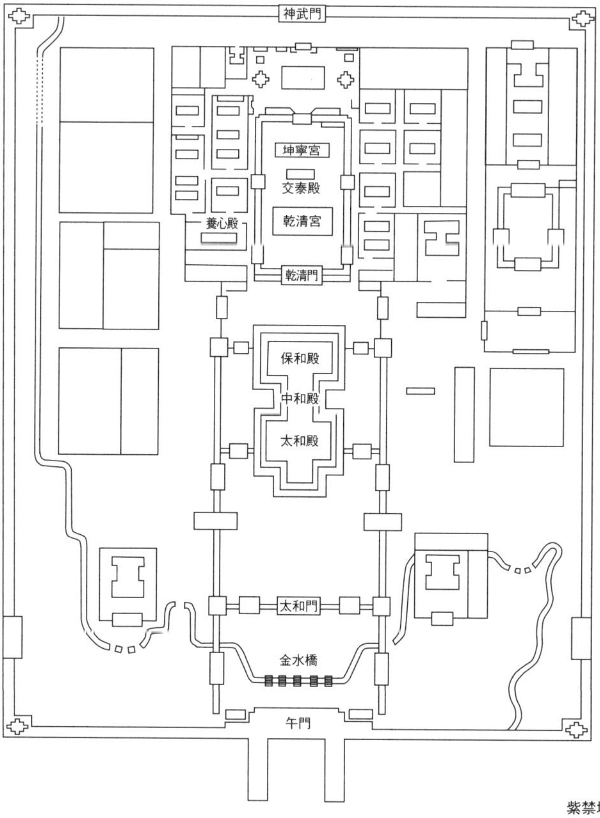

紫禁城平面図

fortification

要　塞

主要分布地域：ヨーロッパ全土
登場年代：15世紀

要塞は発展する大砲に対抗するために誕生した新しいタイプの城砦だ。この城砦は大砲を使った戦闘に対応した造りになっており、土を充填したぶ厚い城壁と「稜堡《りょうほ》」が防衛の要となっている。

要塞が誕生するきっかけとなったのは、1491年から1559年にかけておこなわれたイタリア戦争といえるだろう。この戦争においてイタリア軍の高い塔と城壁を持つ城砦は、大砲を主軸としたフランス軍の良い標的となり大した抵抗もできずに敗れ去ったのだ。この結果、ヨーロッパ各国は大砲と戦うことを念頭に置いた新しい城砦を築くことになる。

新たに築かれた要塞は、塔などの施設が大砲で狙われないよう低く造られていた。また、城壁も大砲の攻撃で簡単に破壊できないように、土を基本として造られた分厚いものになっている。この城壁は石のように破片が飛び散らないので、破片で守備兵が傷つくこともなかったという。

時代が進むと、この城壁に稜堡と呼ばれる施設が追加されるようになる。稜堡は城壁から突き出すように築かれた土塁《どるい》のことで、大砲を設置して敵の攻撃に備える施設として用いられた。この稜堡は後に死角を少なくするべく角型に改良され、城砦全体を取り囲むような形で配置されていく。そのため、最終的な要塞を上から見ると、まるで星のような形をしている。

これらの築城技術はフランスのヴォーバンによって発展してき、防衛拠点としての城砦の最も完成した形態として君臨するが、戦略の発展によってその意義を失い徐々に衰退していった。

だが、敵と味方とのあいだに障害を設けるという基本理念自体は後年に受け継がれ、軍事要塞などの防衛施設を生み出していくことになる。

リール要塞

Lille

建築年代	17世紀	所在地	フランス

フランス築城術の権威ヴォーバンの最高傑作

現在フランス北部の工業地域の中心として有名なリールは、一方でフランス築城術の権威セバスチャン・ル・プレストル・ド・ヴォーバン（1633～1707年）が造った要塞の傑作があることで知られていた。

リールはフランスにとって北方の要所にあたり、1668年のフランドル戦争（相続戦争）の際にフランスの支配下に入っている。

ルイ14世（在位1643～1715年）はこの都市を併合するとすぐ、ヴォーバンを要塞建設監督兼リール要塞総督に任命し要塞化を命じた。

ヴォーバンが造ったのは、五稜堡《ごりょうほ》の要塞で、自身の考案した第１方式と呼ばれる形式が採用されている。防御施設は直立城壁型稜堡と突出部付稜堡、さらに濠と半月塁が整然と配置されていた。最も単純であったが最も合理的な方式であり、駐屯する兵力も少なくてすんだ。

堅固な防御能力を誇ったリール要塞であったが、実はイギリスを中心とする連合軍の攻撃にあい陥落している。

スペイン王も兼ねていたルイ14世は、ヨーロッパの中枢を支配せんと目論んでいた。これに対し、イギリスを中心とした大同盟が攻撃を仕掛けたのだ。防衛線を破られ、守勢一方に追い込まれたフランス軍は、この難攻不落の要塞に立てこもり連合軍を迎え撃った。これに対して連合軍はリール要塞を長期的に包囲、補給を断つ戦法をとった。

たとえ強力な防衛力を持っていても、弾薬や食料が尽きては抵抗のしようがない。リールは、1678年12月10日にあえなく陥落の憂き目にあうこととなった。

ダルタニャンと技師団の反目

ところで、リール要塞が陥落する前の1672年、おもしろい人物がリール都市総督に任命されている。

その男とは、アレクサンドル・デュマの小説『三銃士』(1844年作) で有名なダルタニャン (1611？～73年)。小説とは違い、元帥の称号こそ持っていなかったが、ガスコーニュ出身の小貴族である彼に与えられたこの地位は十分に異例なものだった。

もっとも、この人事は能力に見合ったものだったらしく、ダルタニャンは治安の維持と住民の信頼を勝ち得ることに成功している。

しかし、すべてが順調とはいかなかった。彼と技師団のあいだでいさかいが起こっていたのである。当時、リール要塞には２人の総督がいた。１人はダルタニャン、もう１人はルイ14世にリールの要塞化を命じられたリール要塞総督のヴォーバンである。仕えるべき人物はヴォーバンであると考えていた技師団は、事あるごとにダルタニャンに反抗していたし、ダルタニャンも短気を起こして争いは泥沼化していた。

結局この争いはヴォーバン本人がダルタニャンと会談し、和解にこぎつけるまでつづいたのである。

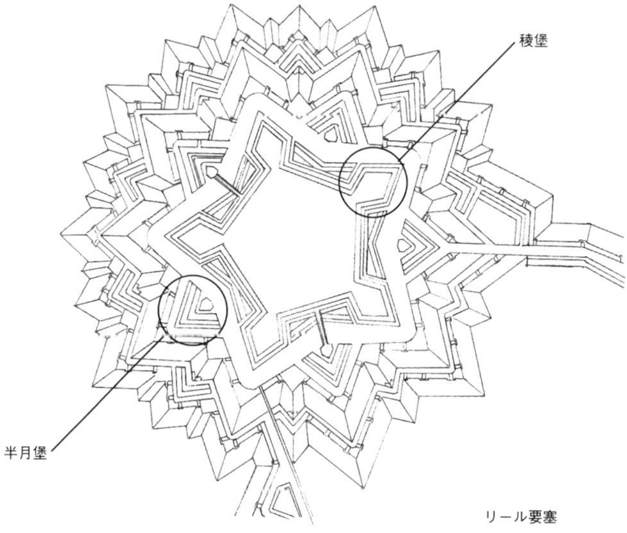

リール要塞

リール要塞の設備

1700万平方キロメートルにもおよぶ湿地に築かれたリール要塞は、５角形の星をかたどった合理的なデザインと外観の見事さから、「城塞の女王」と呼ばれてきた。

現在でもフランス軍が駐屯しており、ガイドツアーに参加すればその内部を見学できるようになっている。

■稜堡《りょうほ》

ヴォーバンによって1667～70年にかけて建設されたものである。

要塞を取り囲むように設けられた５つの稜堡は、それぞれが支援射撃をできるように、ほぼ均等な距離に配置されていた。

■半月堡《はんげつほ》

半月堡も稜堡と同時期に築かれた防衛施設である。

稜堡の外側に設けられた半月堡は、最前線の防衛拠点として使用され、稜堡や他の防衛施設を守る役割を果たしていた。

半月堡は他の施設とは切り離されて造られていたため、敵に占拠されても被害を最小限にとどめることができた。

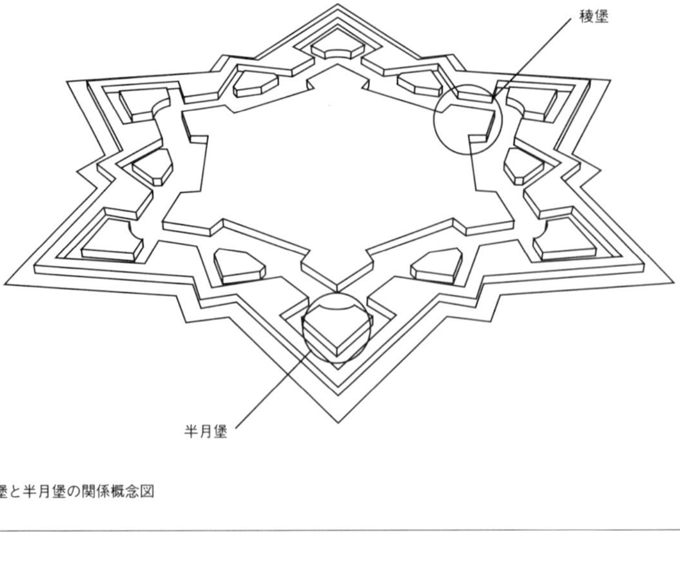

稜堡と半月堡の関係概念図

ナールデン
Naarden

建築年代	17世紀
所在地	オランダ

日本でもよく知られている都市ナールデンは、オランダを代表する要塞である。

もともとナールデンは城塞都市として知られており、14世紀にはすでに城壁や濠を備えていた。しかし、大砲や小銃などの火砲の発達により、従来の防衛施設だけでは都市を守るのには不十分になってしまう。

そのためナールデンは17世紀に新たな設計思想を備えた要塞へと姿を変えることになった。

要塞化したナールデンは6つの鋭角的な稜堡《りょうほ》を備え、その周囲を水濠によって守られている。この水濠はオランダの要塞の特徴で、他の要塞でもよく用いられていた。

ナールデンは非常に優れた要塞だったらしく、その守りを破られたのはたった2回だけだったという。

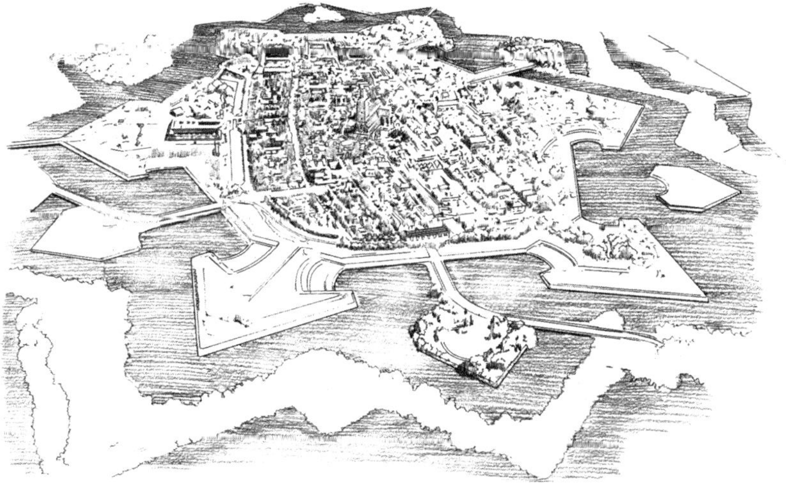

ナールデン外観

column:

要塞と機動戦

大砲に対抗するべく発展を遂げた要塞。しかし要塞もまた、新たな戦略の前に衰退の道をたどっていくことになった。ナポレオン（1769〜1821年）が考案した「機動戦」がそれである。

ヴォーバンが考案し、発展させていった稜堡《りょうほ》式の要塞は、それ自体を攻撃してきた敵に対しては絶大な防御力を誇った。しかしナポレオンは堅固な要塞を無視し、野戦で敵軍を攻略、戦略目標を遂げてしまったのである。

いかに優れた要塞でも、移動して敵に攻撃を仕掛けられるわけではない。まして、稜堡式の要塞はその強力な火力を要塞に近づく敵に対して発揮するように設計されていたので、敵軍がすぐ側を進行していたとしても近づいてこなければ、大砲による攻撃を加えることはできなかったのだ。

つまり、敵を迎え撃とうと思ったら、要塞の堅固な防御力に頼らず野戦で戦うしかなかったのである。

古来からの戦争であれば、軍団の編成や補給の問題からこのような作戦を用いることは不可能だっただろう。しかし、この時代には数十万の大軍を有機的に活用するための編成、それを支えるための兵站《へいたん》がすでに完成していた。

こうした時代的な背景と戦略の変化によって、稜堡式の要塞は衰退していくことになったのである。

軍事要塞

主要分布地域：世界各国
登場年代：20世紀

軍事要塞はヨーロッパの要塞建築の流れをくむ防衛施設で、いわば現代の城砦ともいうべき存在である。特徴はコンクリートを使った建物と、敵の侵入を防ぐために地下に設けられているという2つの要素だろう。

施設には敵を攻撃するための砲塔や、爆撃機などの空爆を防ぐための機関銃砲塔が設けられていた。また、旧来の要塞のように稜《りょう》堡《ほ》や塹壕を築き、戦車や敵兵の侵入を防いでいる。

防御性能こそ着実に増してはいるものの、設計思想や欠点自体も要塞と同じであり、攻撃を受けることがなければまったくの無用の長物になってしまうことも多かったという。

だが、その欠点を差し引いても小規模の兵力で大規模の敵に対抗できる軍事要塞は魅力的な防衛施設であり、第2次世界大戦中にはさまざまな国で使われていた。現在でも使用されているものもあり、その構造はさらに進化したものとなっている。

軍事要塞

マジノ線要塞

Maginot Line

建築年代	20世紀	所在地	フランス、ドイツ国境地帯

現代の城砦

マジノ線要塞は第2次世界大戦において、フランスが自国の兵力の少なさを補うために築いた軍事要塞である。

当時のフランスは敵国ドイツとくらべ、兵隊として動員できる国民の数が少なかったので、戦争の犠牲となる人々を減らさなければならなかった。

そのため、フランスは外交による同盟国の増加と、軍事要塞の建築による戦略的防衛を計画することになる。同盟国が増えれば、ドイツの戦力を分散することができるし、軍事要塞を設ければ、安全に敵の攻撃から国土を守ることができるからだ。こうしてドイツとの国境に総延長750キロメートル、中核部314キロメートルの巨大な戦線が築かれることになった。

戦線の重要な部分には要塞化された拠点がいくつも設けられ、敵の攻撃に備えていたという。コンクリートで造られた拠点は、敵の砲弾に耐えるべく地面に埋められ、蟻の巣のように複雑な形状をしている。

この戦線、および主要な部分を支える要塞は、当時のフランス陸軍大臣アンドレ・マジノの名をとってマジノ線、あるいはマジノ線要塞と呼ばれた。

託された運命

フランス軍はマジノ線構築を1922年に発案後、長い歳月と国防予算の大半となる160億フランを費やしてこの要塞を完成させた。それゆえか、当時のフランス軍のマジノ線要塞にかける期待は過大すぎるものがあったようだ。爆撃機や戦車も要塞の付属物、もしくは施設の延長としか見ていなかったのである。

その自信と偉容はドイツ軍に同種の要塞であるジークフリート線を築かせることになったが、マジノ線要塞の最後は実にあっけないものであった。

1940年、西方大攻勢を開始したドイツ軍は、強力な空軍の支援を受けたC軍集団にマジノ線要塞を迂回《うかい》させ、あっけなく国境を突破してしまったのである。皮肉なことに、最新技術によって築かれた軍事要塞も、中世から近世にかけて活躍し、やがて衰退していった要塞と同じ欠点を抱えていたのだった。つまり、無視されてしまえばなんの効果もおよぼすことが出来なかったのである。

マジノ線とジークフリート線

マジノ線要塞の設備

マジノ線要塞の施設のほとんどは地下に造られていて、地上に出ている部分はごくわずかである。地下の施設はいくつもの小さな部屋に区切られていて、細い通路でつながっていた。

■観測所

観測所は、マジノ線要塞の地上施設の中でも特に高い場所に設けられ、主に周囲を監視し敵の接近に備えるための施設である。

機関銃も用意されており、砲塔としての役割も果たした。

■隠《いん》現《げん》式カノン砲塔

普段は地下に収納されていて、有事の際に接近する敵砲兵や戦車を攻撃するための施設である。マジノ線要塞の隠現式カノン砲塔は7.5cmカノン砲を2門備えていた。

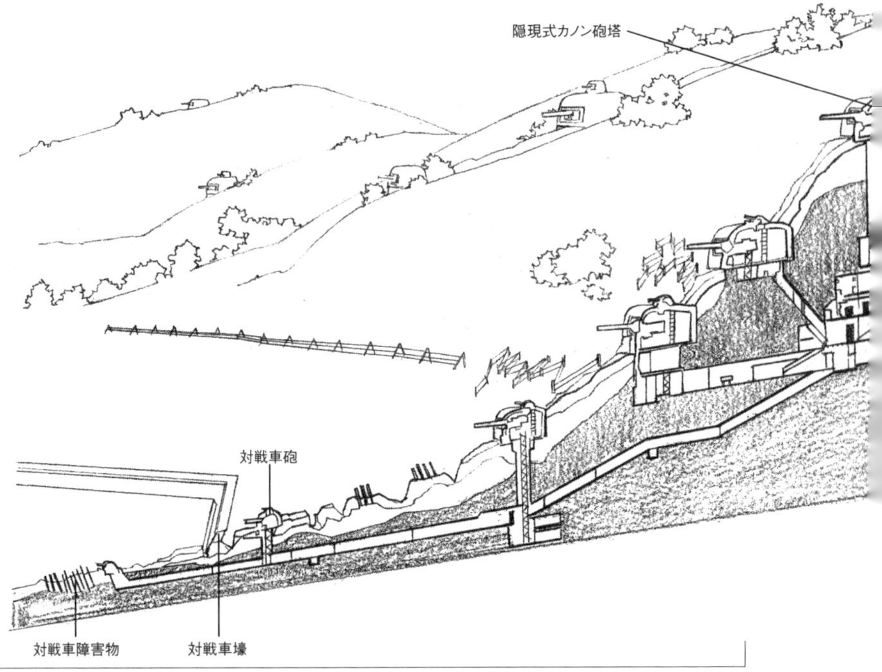

■出入り口

マジノ線要塞の各拠点に設けられた出入り口は、それぞれの拠点につき1つである。

安全を図るため要塞後方の数百メートルに位置する谷地に設けられ、敵の侵入を阻むための射撃施設も用意されていた。

■司令機関室

マジノ線要塞の各拠点の中枢部となっているのが地下に設けられている司令機関室である。司令室、情報収拾室、通信施設などがあり、拠点の機能が全般統括できるようになっていた。

■兵員居住区

拠点に配備された兵士が暮らすのが兵員居住区である。

室内には2段ベッドが置かれ、その数はおよそ全兵士の3分の1以上あり、看護施設も併設されている。

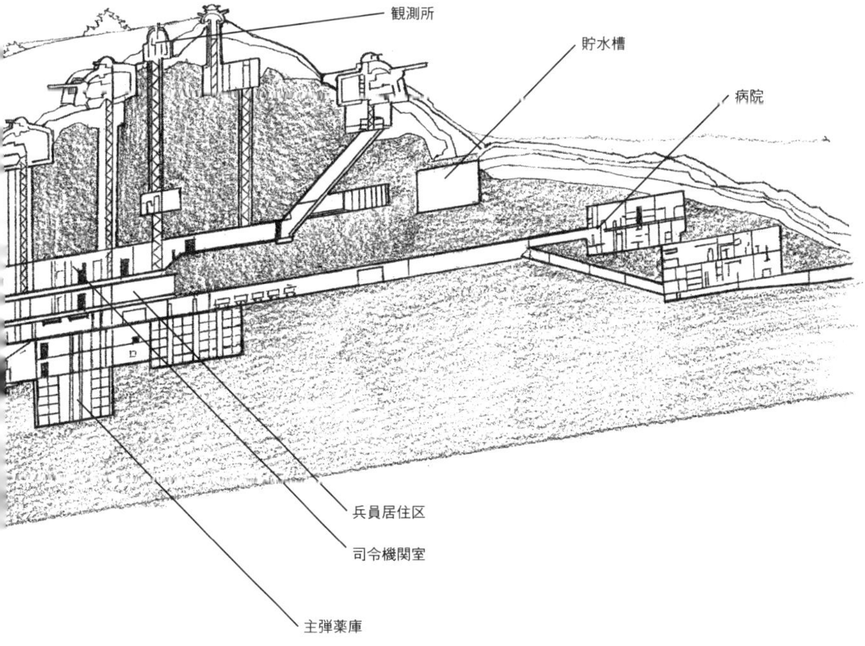

マジノ線要塞断面図

日本の洋式城砦

主要分布地域：日本
登場年代：19世紀

日本の洋式城砦は進んだ軍隊と兵器を持つヨーロッパやアメリカといった国々に抵抗するべく築かれた城砦である。

当時の日本の築城技術は列強の大砲や銃器を中心とした戦略、戦術に対抗するには古すぎた。しかし、それに対抗するだけの築城技術を独自に開発するような余裕や時間はなかったため、ヨーロッパの要塞を模倣したのである。もっとも、日本古来の工夫や築城技術は随所に生かされているので、細かい部分においては日本独自の城砦と言い切ることができるかもしれない。

これらの城砦は日本の近代化における徒花《あだばな》とでも呼ぶべき城砦であり、明治初期の内戦以降、築かれることはなかった。

五稜郭

Goryo-kaku

建築年代	19世紀	所在地	日本

日本初の西洋式城砦

北海道にある星形の城、五稜郭は1855年に諸外国に解放された函館の港を守るために築かれた日本初の西洋式城砦である。

当時、徳川幕府の政策により鎖国状態にあった日本は、アメリカの使節、ペリー提督によって執拗に開国を迫られていた。当然幕府としては鎖国状態を維持したいところであったのだが、アメリカとの国力の差は歴然としており、やむなく函館と下田の２港を開港することになる。

函館を含む当時の北海道は蝦夷地《えぞち》と呼ばれ、さしたる防衛施設もなく諸外国の攻撃を受ければたちまち占領されてしまうような状態だった。そこで幕府は蝦夷地に箱館奉行（当時、函館はこう表記されていた）を設置し、防衛力強化のための城砦の建築を決定する。それが五稜郭であった。

この新たな城砦は、箱館の諸術調所で洋学の教授を務めていた武田斐三郎《たけだあやさぶろう》によって設計され、発達した大砲や銃器に対して十分な防御効果を持つように、西洋の要塞や城塞都市を参考にして巨大な稜堡《りょうほ》を備えていた。天守などの大砲の的になるような建物は設けられず、稜堡で十分守りきれるような背の低い建物だけが立っていたという。

箱館戦争

諸外国の脅威に備えるために誕生した五稜郭であったが、皮肉なことにその名声は、日本国内で起きた明治維新による内乱で知られることになる。

後に箱館戦争（1869年）と呼ばれることになる戦争で、五稜郭は明治政府に対抗する旧幕府軍の最後の拠点となったのだ。

そして、この戦争が五稜郭の体験した最初で最後の戦闘になる。榎本武揚《えのもとたけあき》らの降伏により、明治政府にあけ渡された五稜郭は内部の建物を解体され、大正3（1914）年に公園として一般に公開されることになり、大正11（1922）年には国の史跡として指定を受け、観光の名所として長く親しまれることとなった。

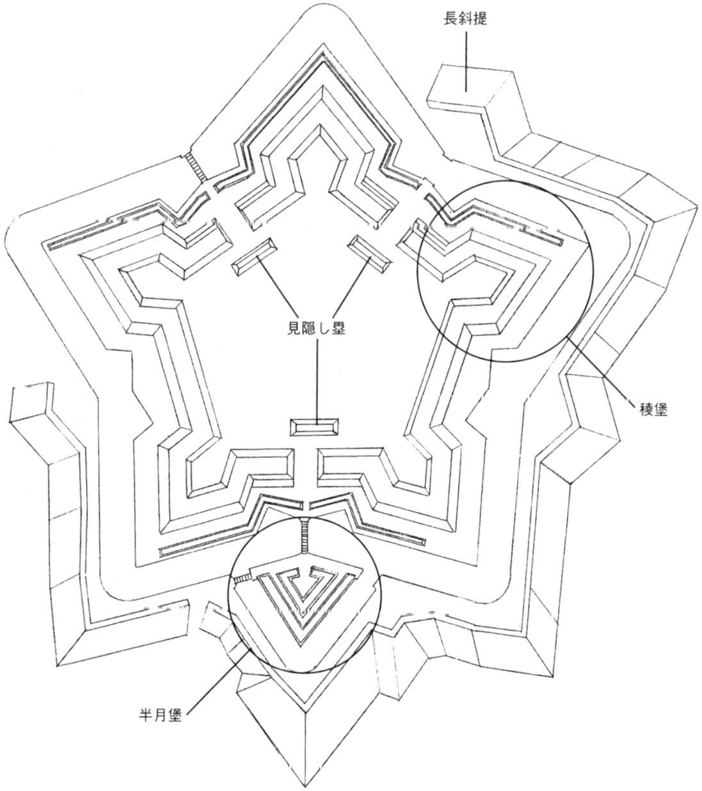

五稜郭全景

五稜郭の設備

内部の建物こそ解体されてしまったものの、五稜郭を特徴づけている稜堡《りょうほ》などの施設は現在でもほぼ完璧な姿で残されている。見事な星形は、五稜郭のそばに設けられた五稜郭タワーの展望台から眺めることができる。

■稜堡

星形の５つの先端になっているのが稜堡である。

構造や使用方法は西洋の要塞と同じで、大砲を設置し火力によって敵の接近を防いだ。

５つの稜堡は星形に城全体を守るように築かれているため、敵の攻撃に対する死角をなくすことができた。

■見隠し塁

見隠し塁は稜堡の切れ目である城砦への入り口を覆い、直接城内を外部にさらさないための施設である。稜堡の内部に設けられ、至近距離からの城内に対する砲撃や敵兵の侵入を防ぐことができた。

■半月堡《はんげつほ》

星形のくぼみになる部分に設けられた半月堡は城本体から独立した施設で、稜堡と同じように大砲を設置して敵の攻撃を防ぐために用いられた。主な役割は城内につながる橋の防衛である。

しかし、予算不足のために１つしか造られなかった。

■濠《ほり》

五稜郭の濠は、城砦全体を囲むようにして設けられているため、五角形になるように造られている。

■長斜提

城郭内から濠をはさんで敵に向けて銃を撃つ際、死角をなくすために設けられた施設。城砦全体の５分の３を覆う長大な土塁《どるい》で、五稜郭を守る最初の城壁にもなっていた。

四稜郭

Shiryo-kaku

建築年代	19世紀
所在地	日本

四稜郭は函館を占拠していた旧幕府軍残党によって築かれた城砦である。

新政府軍との全面対決に備え、主戦場になると予想されていた渡島《おしま》平野南端に築かれたこの城砦は、名前の通り蝶《ちょう》の羽根のように広がった4つの稜堡《りょうほ》を持つ。しかし、なにぶん2週間という短期間で築かれていたため、五稜郭のように内部に施設を持たず、純粋に軍事目的の拠点として用いられていたようである。

明治2（1869）年5月、政府軍による攻撃を受け陥落した後、国の指定史跡となった。

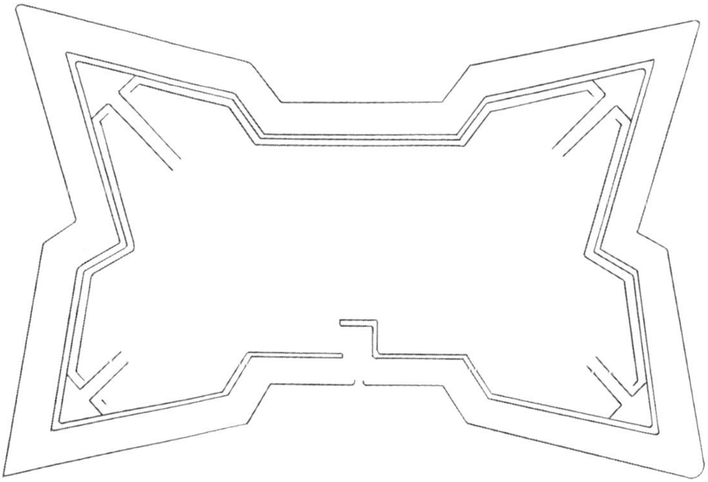

四稜郭全景

竜岡城
Tatsuoka-jyo

建築年代	19世紀
所在地	日本

竜岡城五稜郭の名で知られる竜岡城は、田野口《たのくち》（竜岡）藩主・松平乗謨《まつだいらのりかた》によって築かれた日本に２つしかない星型の城砦である。

乗謨は鎖国による軍備の立ち遅れを憂い、蘭学者から西洋の火砲や築城技術を熱心に学び取っていた。洋式の城砦にも早くから着目していたという。

彼が竜岡城を築く契機となったのは、文久３（1863）年の大番頭《おおばんがしら》への登用である（後に陸軍総裁）。

出世により本領の三河《みかわ》（4000石）から、より広大な信州への本領移転（１万2000石）を許可された乗謨は、同時に自分の館となる新たな陣屋の建設許可を求め、以前から構想を練っていた洋式城砦の建築に着手するのである。

1866年、完成した竜岡城は、陣屋という規制から天守閣を備えていなかったものの、石垣に守られた５つの稜堡《りょうほ》と、そのうち３つを取り囲むようにして掘られた濠によって守られていた。

しかしこうして誕生した最新式の城砦も、明治政府の誕生により無用のものと化し、藩籍奉還、稜郭取り壊し令により壊されることとなってしまった。

竜岡城は現在、小学校用地として利用されている。

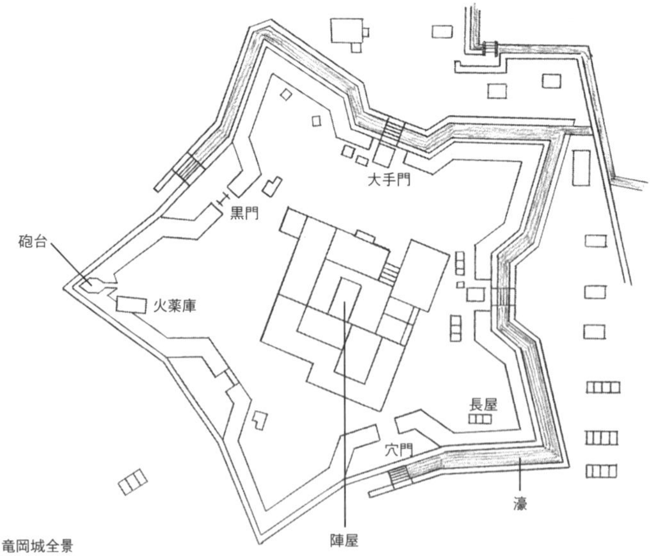

竜岡城全景

南米の城砦

主要分布地域：南米
登場年代：不明

南米の城砦は、南米に花開いたマヤ、アステカ、インカなどの大変高度な文明によって造られた石造建築である。

これらを築き上げた文明は、他の大陸の文明との文化的交流をほとんど持たなかったにもかかわらず、非常に高度な建築技術と、特殊で哲学的な宗教概念を発展させていた。

そして、その宗教概念を実行する場として、あるいは他の部族から身を守るための砦として巨大な石造りの神殿や都市、そして城砦を築き上げていったのである。

建築物は驚くべきことに、すべて人力で建てられており、そのために使われた道具はせいぜい黒曜石《こくようせき》で作られたノミくらいのものであった。

このような道具で現在も残る壮大な遺跡を造り上げることができたのは、彼らが奴隷によって十分な労働力を確保していたことと、異常なまでの宗教的情熱を持っていたからであろう。特に、アステカやインカといった文明は、熱烈な太陽信仰を持っており、生け贄の血によって太陽を養うことで、世界の滅亡を回避できると考えていた。

他の大陸の文明も多かれ少なかれこのような側面を持っているが、ここまで先鋭化していることも珍しい。

ともあれ、彼らにとって宗教儀式はなにを置いても実行されるべきものであり、そのために必要な建築物を築くことに労力を注ぐのは、まったく苦にならなかったものと思われる。

その情熱は、彼らの建てた建築物の随所に見ることができる。入念に施された装飾や丹念に磨き上げられ、精密に積み上げられた石材。これらはよほどの労力が用いられなければ造り上げることは不可能だったことだろう。それを支えたのが、彼らの宗教観だったのである。

マチュ・ピチュ

Machu Picchu

建築年代	不明	所在地	ペルー

峡谷の空中都市

アンデス山中、ウルバンバ峡谷を望む海抜2500メートルの尾根にたたずむ巨大な石造りの都市マチュ・ピチュ。

この巨大な遺跡は、インカ帝国皇帝マンコ・インカが、横暴なスペイン人征服者（コンキスタドール）に対抗するべく立てこもったビルカバンバの砦とも、太陽神に仕える聖なる巫女を守るための聖域とも、はたまたパチャクティ・インカが首都クスコを守るために築いた城砦ともいわれ正体は判然としていない。

マチュ・ピチュが世界的に知られるようになったのは1911年、アメリカ人考古学者ハイラム・ビンガム（1875～1956年）がこの遺跡にたどりついてからのことだ。

インカ帝国最後の砦を追い求めていた彼は、当時チョッケキラウの砦こそがビルカバンバとされていた説に疑問を持ち、マンコ・インカがコンキスタドールの長フランシスコ・ピサロ（1475頃～1541年）のもとから脱出した時の記録を頼りに、ウルバンバ河をさかのぼる旅をおこなった。その結果発見された遺跡がマチュ・ピチュだったのである。

発見された建物は白く輝く花崗岩《かこうがん》の切り石を精密に積み上げて造られていて、藁葺《わらぶ》きの屋根をのせれば今すぐにでも住めそうに見えたという。

建物は、わずかなスペースを生かすために遺跡中にびっしりと積めこまれていた。遺跡の外側には段々畑までが設けられていたという。

解けない謎

1911年の発見以降、マチュ・ピチュは幾度も学術的な調査を受けることになったのだが、その正体はいまだ謎に包まれたままとなっている。

調査の結果わかったのは、コンキスタドールによる略奪を受けていないこと、そして、墓所に埋葬されていた185体の遺体のうち、109体が女性であったということだけだ。あとはせいぜい施設や神殿が、どのようにして使われたかといった程度のことしかわかっていない。

しかし、コンキスタドールの横暴な略奪を免れた事実は、ペルーの原住民の誇りになっており、マチュ・ピチュは不等な支配に対抗するシンボルとなっている。

マチュ・ピチュ遠景

マチュ・ピチュの設備

マチュ・ピチュの遺跡には大小の広場を囲んでいくつかの区画があり、無数の建造物が並んでいる。

■大塔

軍事塔とも呼ばれる大塔は、マチュ・ピチュの最重要所である大宮殿といわれる区画にそびえる建築物だ。

馬蹄《ばてい》形をした塔は、完璧な精度で切り出された石を使いモルタルなどの接着剤を使わずに建てたもので、採光のための窓も設けられている。各層の厚さは上にいくほど薄くなっており、ゆるやかな傾斜を描く。

内部には彫刻が施された大きな石があり、天体観測、もしくは太陽崇拝に用いられていたと考えられているようだ。

なお、この塔の下部には洞窟《どうくつ》状の霊廟がある。

■霊廟

霊廟はインカの技術が残した建物の中でも風変わりな遺物とされている。

薄暗い洞窟状になった霊廟内部には、美しい化粧板が張られ、一枚板で造られた玉座が設けられていた。しかし、この玉座を実際にはどのようにして使用したかはわかっておらず、いくつかの仮説が出されるにとどまっている。現在では、先祖の霊を祭っているという説や、皇帝が葬られているという説、そしてミイラの安置場所だったという説が有力であるが、物的証拠はまだ発見されていない。

■3つ窓の神殿

神殿区と呼ばれる区画に建てられた施設で、併設された本神殿と共にマチュ・ピチュの最も重要な聖域の1つとされている。

巨大な切り石を積み上げた建物には、名前の由来となった3つ窓が設けられているのだが、この窓の造りはインカ王朝の始祖が誕生したとされる洞窟にちなんでいるという。

■見張り棟

マチュ・ピチュの南側には、インカ道と呼ばれる幹線道路を監視するための見張り棟が立っている。

しかし、この建物には埋葬の石といわれる大きな一枚岩も存在しているので、純粋に見張りに使われていたのか、それとも特殊な儀式に用いられていたのかは判然としていない。

■コンドルの神殿

インカにおいて太陽の化身とされるコンドルを祭った神殿が、このコンドルの神殿である。

地面に置かれたコンドルのレリーフの背後には、2つの翼を思わせる岩が立ち並んでおり、神秘的な雰囲気すら漂わせている。

神殿の北側には、拷問の場、もしくは牢獄《ろうごく》の広場と呼ばれる施設が建てられている。犠牲になった人々の魂を太陽のもとに運ぶために建てられたのかもしれない。

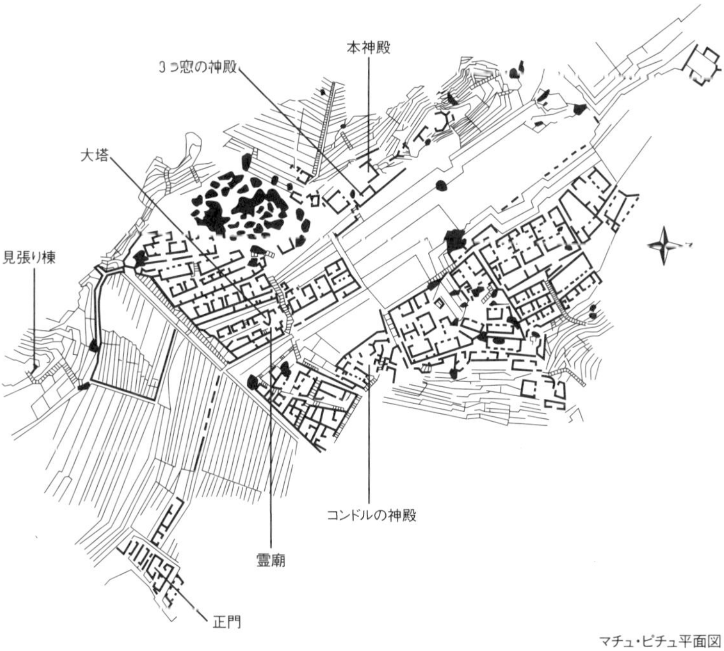

マチュ・ピチュ平面図

サクサイワマン

Sacsayhuaman

建築年代	紀元前202年頃
所在地	ペルー

サクサイワマンの砦はインカ最大の石造建築の１つで、その偉容はコンキスタドールたちから「悪魔の仕業」と考えられていたほどのものだ。

インカの首都、クスコを見下ろす海抜3700メートルの丘陵地に立つ砦は、１辺が約400メートルもの巨大な３重の城壁によって囲まれている。３階層からなるテラスの高さは、実に18メートルにおよぶ。

なお、このサクサイワマンの砦は、マンコ・インカがコンキスタドールとの戦いの際に使用した拠点の１つとしても知られている。この砦を中心とした攻防戦においてマンコ・インカは、フランシス・ピサロの弟ファン・ピサロを敗死させることに成功したが、自身も撤退を余儀なくされたという。

新世界の城砦（アフリカ）

主要分布地域：中央アフリカ
登場年代：11世紀～？

人類発祥の地であるにもかかわらず、中央アフリカでは、グレート・ジンバブエくらいしか目立った城砦が発見されていない。そのグレート・ジンバブエ自体も比較的歴史が新しい建築物であり、この形式の城砦が他にもあったのか、それともエジプトや中東からの技術の流入があったのかはわかっていないのが現状だ。

わかっているのは、中央アフリカにも城砦を造るだけの技術力と支配力を持った人々がいたという事実だけである。

グレート・ジンバブエと他の城砦の形式との類似点を探すとすれば、古代における城壁都市や南米の城砦に見出すことができるだろう。

これらの遺跡は宗教的な建造物と市民が生活するための市街地を持ち合わせている。おそらくグレート・ジンバブエも、これらの城砦と同じような形で発展していった城砦なのだろう。

グレート・ジンバブエ

Great Zimbabwe

建築年代	13世紀～15世紀	所在地	ジンバブエ

謎の遺跡

グレート・ジンバブエと呼ばれる巨大な石造建築は、ジンバブエ共和国の名前の由来にもなった有名な遺跡である。

現地の人々によって「崇拝の家」「石の家」と呼ばれるこの遺跡は、現在では失われてしまった現地民の大帝国によって築かれた。彼らは豊かに産出される黄金により大いに栄え、海外との交易も盛んにおこなわれていたとされている。

遺跡の存在が広く西欧に伝わったのは1870年代のことだ。

発見者はドイツ人の地質学者カール・マウフで、彼は発見当時の驚きをこう記している。

「1871年９月３日、私たちはこの丘を登った。長さ３キロメートルほどの丘でかなり高く、裸の頂上から四方が一望千里に見渡された。最初、私のガイドがおそるおそる絶壁の登攀を始め、継いで私たちが１人ずつおぼつかぬ足取りで後につづいた。不意に東方８キロメートルほどのかなたにもう１つの丘が姿を現した。その上には明らかにヨーロッパ様式の石壁が立っていた。」

花《か》崗岩《こうがん》によって築き上げられた遺跡は、総面積0.25平方キロメートルで、要塞型の城壁と回廊の遺構からなる「アクロポリス」と、巨大な「エンクロージャー（神殿）」、そして無数の小建築の残骸からなる「谷の遺跡」で構成されている。当時のヨーロッパ人の学者を驚かすのに十分すぎるものであった。

彼らは、自分たちより文明的に劣っていると考えていたアフリカに、このような遺跡がある理由をあれこれと考え、ヨーロッパ圏に広く流布していた伝説、「ソロモン王の宝物殿」や幻のキリスト教王国「プレスター・ジョン」と結びつけようとしたのである。

黄金の探索

マウフの報告によってグレート・ジンバブエの存在を知った冒険家たちはこぞって調査に乗り出していった。もっとも、その探求心の大半は伝説の示した財宝の探求に向けられることとなる。

彼らは財宝探しの邪魔になる塔や城壁を打ち壊し、重要な遺物を後の世に伝えることなく破壊していった。学術的な検証や調査もおざなりで、内容もほとんどが思い込みやこじつけに満ちていた。遺跡を発見したマウフでさえ「丘の上の廃墟がソロモン王の神殿の複製であり、平野の建物がソロモン訪問中にシバの女王が滞在した宮殿の模倣であると考えても、私は大きな誤りだとは思わない。」と記述しているほどである。

後のイギリスの考古学者シオドア・ベント率いる探検隊も同様で、彼らは発掘作業に際し公式記録を残さず、遺物の出土した地層についても区別を怠っていた。その上、遺跡を天文学的な観測所と断定し、造ったのはアラビア系の古代人ということにしてしまったのだ。この誤った説は長いあいだ信じられ、古代アラブの財宝を求める山師たちによる遺跡の破壊が長くつづいていくことになる。

世界がグレート・ジンバブエの本当の姿を知るには、業を煮やしたイギリス政府が派遣した新たな考古学者、デービット・ランドル・マッキンバーの登場を待たなければならなかった。

真実のグレート・ジンバブエ

現在、マッキンバーらの尽力により、グレート・ジンバブエがアフリカ人によって築かれた宗教的建築物であったことがわかっている。

緑美しい峡谷にあるこの土地は多くの民をひきつけた。長い歴史の中でショナ族、ロズウィ族などの民によって幾度も集落が築かれていたようだ。

現在の石造建築はロズウィ族が15世紀頃に築いたもので、モノモタパ王国によるものとされている。

その後も、別の民族の手に渡りながら街とし機能しつづけていたグレート・ジンバブエだが、1830年頃に起きたズールー族の戦争のために最後の住人たちが追い払われ次第に廃墟と化していった。

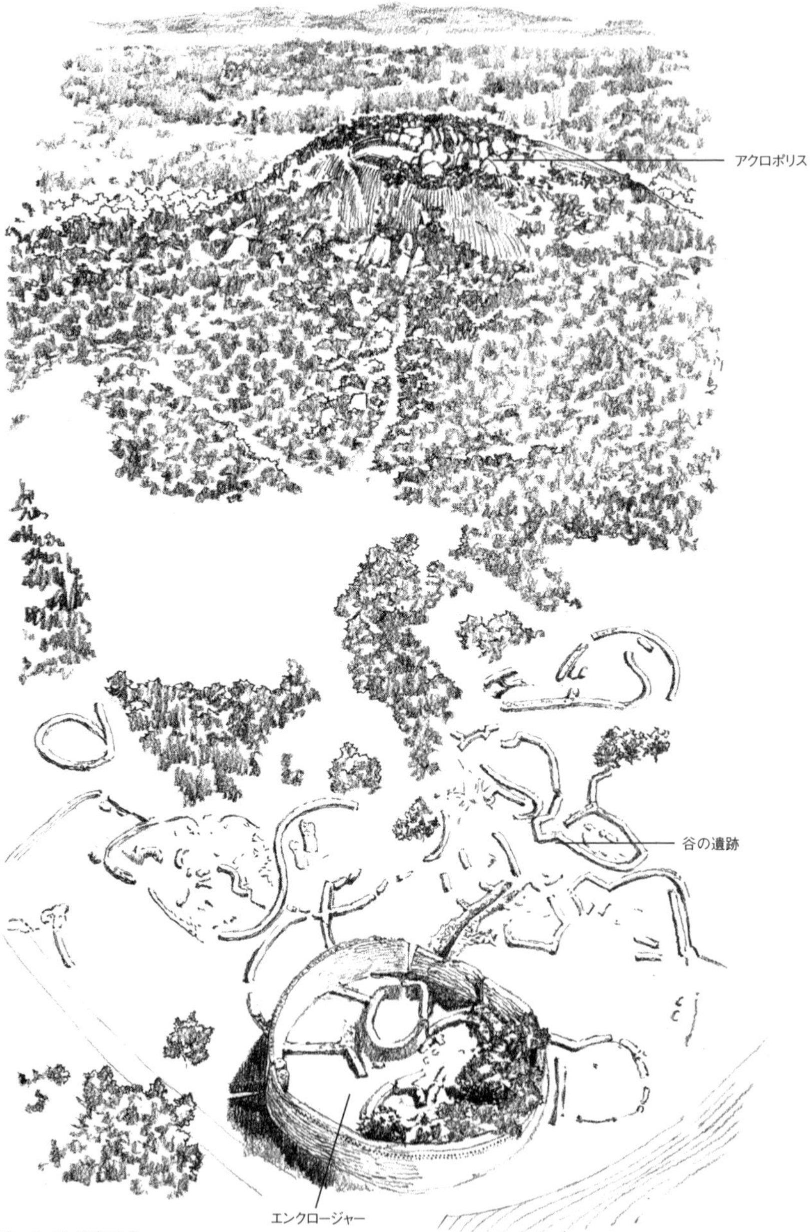

グレート・ジンバブエ全景

グレート・ジンバブエの設備

ジンバブエは３種類の遺跡群から構成されている。

■アクロポリス

アクロポリスは、要塞型の城壁や建物、回廊からなる。

建造物自体はそれほどの高さは持たないが、高さ90～120メートルにもおよぶ花《か》崗岩《こうがん》の丘の上に立ち、丘や岩の曲線を巧みに利用した造りである。

建材は花崗岩で、すべて砂利《じゃり》と粘土をこね合わせた「ダカ」と呼ばれる補強材で組み上げられている。多くの城壁はダカで造られた丸い壁頭がついていた。

■エンクロージャー

別名「神殿」と呼ばれる巨大な建物で長径100メートル、幅70メートルの大型建築である。神殿と呼ばれてはいるものの王族が住む宮殿として利用されていたらしい。

エンクロージャーはアクロポリスから約75メートルほど下の平地にあり、高さ９メートルの円錐《えんすい》型の塔と、厚さ６メートル以上の石の外壁を持っている。

石造りの塔は、内部に空間を持たず石が詰まっている上、壁面を登る手だてすらない不思議なものだ。一方、外壁の内部はいくつもの内壁によってクモの巣状に区切られている。

なお、エンクロージャーには石塔の他にもおもしろい謎が隠されている。アクロポリス近くの洞窟から声を発すると、神殿内部にまで届くというのである。この仕組みは当時の王族たちにより宗教儀式や民衆支配のための小道具として利用されていたのだろう。

■谷の遺跡

谷の遺跡はアクロポリスとエンクロージャーのあいだにある無数の小建築の残骸である。全体で１つの都市を形成しており、当時ジンバブエに住んでいた一般市民の住居跡とされている。

fortification

アフリカ植民地の城

主要分布地域：アフリカ
登場年代：15世紀

アフリカ植民地の城は大航海時代の強国、ポルトガル、オランダ、フランス、イギリス、ドイツ、デンマーク、そしてスウェーデンなどの国々が、アフリカでの貿易や植民地政策、そして略奪のための拠点として築いた城砦である。

この地に最初にこのようなタイプの城砦として築かれたのは、1482年にポルトガルが築いたエルミナ城である。その後築かれた城砦は、エルミナ城を見本にしている。

とはいうものの、これらの城砦に外見上の大きな特徴はなく、同時代のヨーロッパで用いられていたものとなんら変わるところはない。

最大の特徴はその内部にある。それは奴隷を閉じ込めておくための牢獄《ろうごく》のような地下室だ。地下室には奴隷を監視するための覗き窓が設けられ、奴隷の反乱や自殺を防ぐために現地の言葉を話せる者が見張っていたという。

アフリカ植民地の城

ケープ・コースト城

Cape Coast Castle

建築年代	16世紀	所在地	ガーナ

忌まわしき悪夢の城

西アフリカ、ガーナ共和国のケープ・コーストには、たくさんのヨーロッパ的な城砦が残されている。これらは人類の汚点ともいうべき奴隷貿易の拠点となった城だ。

ケープ・コースト城もこのような城砦の1つで、ポルトガルやスウェーデン、デンマーク、オランダ、イギリスといった海洋国によって使用され、年間7万人にもおよぶ人々を奴隷として海外へ送り出していた。

一見すると白く美しいこの城砦は、非常に多くの人々の悲しみを内包しているのである。

奴隷という制度は、洋の東西を問わず古くから存在していた。それは古代のローマであろうと日本であろうと変わりはなく、たいていの人々は辛い生活を強いられていた。しかし、アフリカにおける奴隷狩りと、それによって自由と命を奪われた人々の数は空前絶後なのである。

もともと、アフリカで貿易をしていたヨーロッパ人の目的は、金や象牙《ぞうげ》、胡椒《こしょう》といった貴重品であり、けっしてアフリカに住む人々を労働力として連れ去ろうとしていたわけではない。

しかし、1492年、コロンブスがアメリカ大陸に到達したことで状況が変わる。新大陸の開拓は、働くべき大量の労働力を必要としたのだ。そこで目をつけられたのがアフリカに住む人々だった。

当時のヨーロッパの人々は、キリスト教徒ではない人や肌の色の違う人を同じ人間として認識していなかった。ヨーロッパ人にとってはアフリカの人々は牛や馬と同じ家畜にすぎなかったのだ。

わずかな光

暗い歴史をもつケープ・コースト城であるが、ほんの少しではあるが現地の人々の利益となっていたこともある。

1750年代の初期にイギリス国教会によってガーナ初の小学校が建設されたのである。これにより、現地の人々はこの地ではじめての西洋式教育を受けることができた。西洋化することが必ずしも幸福とはいえないだろうが、少なくとも諸外国のことを知るための基礎知識を得ることができたのだ。

その後、奴隷貿易の終焉とともにこの城は刑務所として利用され、現在では過去の陰惨な歴史を伝える記念館となっている。

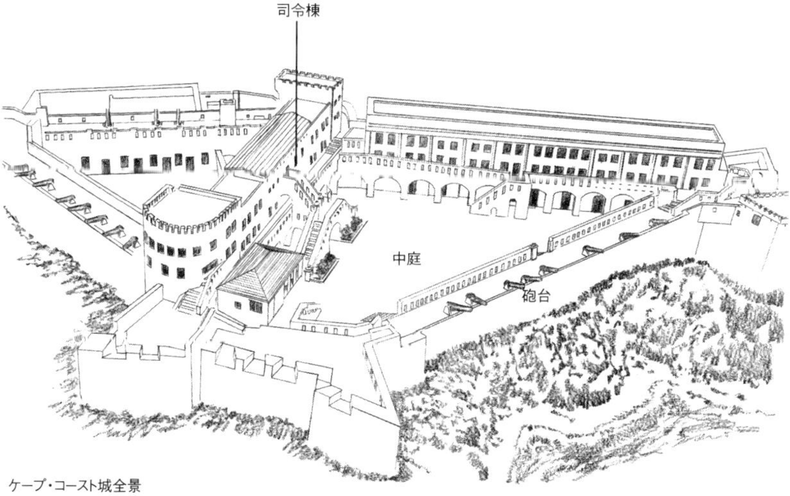

ケープ・コースト城全景

ケープ・コースト城の設備

ケープ・コースト城はすべての設備を残している。

もちろん城砦としての設備だけではなく奴隷貿易のための施設もだ。

■司令棟

３階建てのケープ・コースト城の中核となる建物で、司令部などが置かれていた。１階層の部分には倉庫と衛兵の詰め所が設けられている。

■砲台

城の東側に位置する砲台は、海からの襲撃に備えるための施設である。

この時代のアフリカでは奴隷や現地の人々の反乱よりも、敵対国の攻撃のほうが脅威だったのだ。このため、砲台に設けられた13門の大砲はすべて海の方を向いている。

■奴隷部屋

奴隷部屋は地下にある。狭い部屋にはトイレもなく、窓といえば天井に開いた監視用の窓くらいしかない。部屋の一番奥には奴隷たちを船に乗せるための搬出口があった。

扉は現在、煉瓦《れんが》で厳重に封印され、祭壇が設けられている。

エルミナ城
Elmina Castle

建築年代	15世紀
所在地	ガーナ

エルミナ城は1482年に建てられたケープ・コーストで最も古い城砦だ。

ポルトガルによって築かれ、入植の拠点として用いられた。15～16世紀には西アフリカでの貿易の中心地帯になっていた。

1637年にオランダの襲撃により陥落。以降はオランダの貿易の拠点として長く用いられることになる。

周囲を濠で守られた3階層からなる城砦の内部には、多くの奴隷部屋が設けられ、罪のない人々を南北アメリカへと送りつづけていた。

その後、イギリスに譲渡されたこの城は、奴隷貿易の終焉とともに使用されることはなくなり、1972年の世界遺産への登録後に博物館となっている。

エルミナ城全景

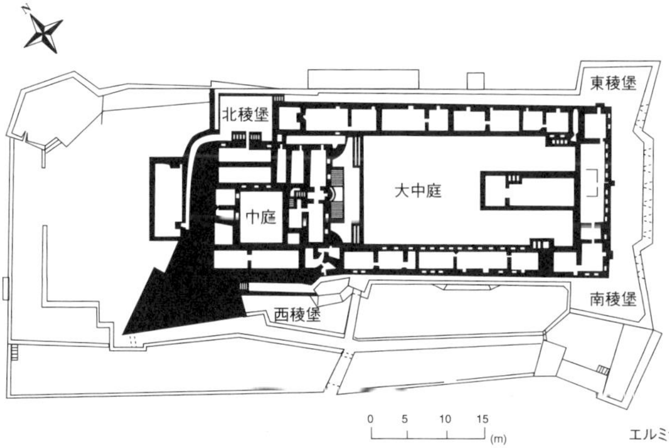

エルミナ城平面図

column:

大砲の発展

城砦の建築様式を根底から覆した存在「大砲」。しかし、その起源については意外とはっきりしていない。

そもそも、大砲に用いる火薬のヨーロッパにおける起源もわかっておらず、中国からヨーロッパに伝えられたとする説もあれば、北アフリカ、もしくは中東のアラブ世界から伝わったという説、インドから伝わったという説、ヨーロッパで独自に開発されたとする説もある。

いずれの説が正しいにしても、中国や中東ではヨーロッパに先駆けて火薬を使った兵器が早くから開発されていたことは間違いなく、特に中国には無数の矢を火薬の力で飛ばす兵器や、現在でいう毒ガスのようなものまで存在していたというからおどろきである。

さて、話をヨーロッパに戻すとしよう。

ヨーロッパでも14世紀頃にはすでに簡単な大砲が使用されていたらしい。太矢を火薬で飛ばすといったごく単純な発想のもとにつくられたもので、破壊力よりもその爆発音や閃光《せんこう》による威圧効果が主な使用目的だった。

その後、石塊を弾にした大砲が誕生するものの、火薬の爆発力から砲身自体を守るために砲口が弾よりも大きく、爆発力を効率よく使っているものとはいえなかった。それでも、実戦に投入できるだけの破壊力は持っていたようで、14世紀の中頃にはすでに攻城戦や野戦に投入されたという記録がヨーロッパ各地に残されている。

その後、威力を認められた大砲は、さまざまな改良を加えられていく。

初期の砲身は鉄を鍛造してひとつひとつ作っていたので、品質や耐久性にばらつきがあった。しかし、加工が容易な青銅で鋳造することで品質が均一になり、大量生産が可能になったのである。これは兵器として運用するためには非常に重要なことだといえるだろう。

火薬にもさまざまな改良が加えられ、安価で強力な大砲が次々と造られるようになっていった。

弾は石塊から鉄に改められ、射程や発射角度を調節するための砲耳《ほうじ》（トラニオン）が作られるようになる。さらに移動用の台車も用意された。これによって大砲は大きな機動性と高い貫通率を誇るようになり、中世の石造りの城に対して致命的な兵器となっていったのである。

第3章

世界の城砦史

人類の歴史は闘争の歴史である。人はその長い歴史を争いに費やしてきた。

特に地つづきのユーラシア大陸では、異民族間の戦いは日常的なものであり、人々は常に戦禍に巻き込まれる危険にさらされていたのである。

そのため、人は自らの財産や家族を守るために敵の侵入を阻む塀を建て、住居を囲う濠を掘った。城砦が誕生した瞬間だ。

その後、人類は大切ななにかを守るために城砦を発達させ、その目的に合わせて多用な建築物を残していくことになる。

ここでは、これまで紹介してきた城砦がどのような歴史をたどって発展していったのかを簡単に紹介していきたいと思う。

古代の城砦

古代ヨーロッパ、中東圏の歴史において最初に城砦と呼べる建築物を造り上げたのは、メソポタミアやエジプトを含む古代文明であった。

メソポタミア文明発祥の地であるオリエント地方では、有史以来さまざまな人種がせめぎ合い、興亡を繰り広げていた。負けた民族は根こそぎ財産を奪われ、勝利者の奴隷とされるしか道は残されていない。

そのためオリエントの人々は文明の早い段階から城砦を発達させていったのである。

彼らが築き上げたのは、都市の周囲を煉《れん》瓦《が》や石で造った長大な城壁で囲んだ城壁都市であり、それ自体が1つの国ともいえるような存在だった。

オリエント地方に鉄器と馬を持ち込んだとされるヒッタイトの首都、ハットゥシャ（P28）はその周囲を2重の城壁で囲んだ都市国家で、その内部には複数の王宮や砦、そして国民が住む市街地を内包していたという。

また、シュメールの民の首都ウル（P31）は、巨大な宗教施設「ジクラット」をその内部に備えていたとされている。その完成度は、後にノルマン人たちによって築かれる城砦よりもはるかに高いものであり、芸術的に見ても高い水準を誇っていた。

では、もう1つの文明であるエジプト文明の城砦はいかなるものだったのだろうか。

巨大なピラミッドを築いたことで有名なエジプト文明であるが、その文明の創世紀において彼らは、城砦らしい建築物をあまり築いていない。なぜなら、エジプトではナイル川の恵みによって作物が豊富で飢餓からくる内紛はほとんどなく、広大なサハラ砂漠は外敵を寄せ付けることがなかったので身を守る必要がなかったのだ。

エジプト人が城砦と呼べるようなものを持ちはじめるのは、ナイル川上流からのヌビア人たちの流入と、遷都や後継者問題などからくるエジプト国内の混乱が起きてからのことである。しかし、彼らが築き上げたのはオリエントのような城壁都市ではなく、神殿を城砦として利用できるようにしたものと、高度ではあるものの戦闘用の砦《とりで》としてしか利用できない程度のものでしかなかった。

このため、エジプト人の築いた城砦は特に後の文明に影響を与えることなく、エジプト王朝の衰退とともに廃れていったのである。

これとは逆にオリエントの城砦は、後に興ったさまざまな文明で発展していき、オリエント地方の諸文明が歴史の表舞台から姿を消した後も地中海地方の文明へと受け継がれていった。

地中海で勃興したギリシャ・ローマ系の民族による文明は、歴史のよき先輩であるオリエントの技術を不足なく受け継ぎ、彼ら自身の独自の美意識によってさまざまな様式の城砦を生み出していく。

クレタ島にそびえていたミュケナイ（P34）のアクロポリスは、城砦として優れていただけでなく、美しい柱や装飾からなる独自の様式を完成させている。２頭の獅子もしくはグリフォンを象った「獅子門」などは、古代の遺跡に興味を持つ人なら一度は聞いたことがあるだろう。

現代では観光地として有名なアテナイ（P39）も非常に優れた建造物であり、美しいだけでなく大変堅固な城砦であった。

これらは煉瓦や石材だけでなく、木材や石膏を効果的に用いているという点でも独自性が高いといえるだろう。

ギリシャの生み出した独自の様式美はローマ帝国によって受け継がれ、中世に入り新たな城砦が誕生していく中でもその命脈を保っていくことになる。

中世の城砦

オリエント地方から発生し、ギリシャ、ローマにおいて発展した城砦建築の技術は、中世初期のヨーロッパにおいて一時衰退の道をたどっていった。

これは、地中海地方からヨーロッパ全土にかけてを支配していた西ローマ帝国が、北方から流入してきたゲルマン人の攻撃を受け5世紀には滅亡してしまったためだ。しかも、ゲルマン人たちはローマ人の残した城砦を利用することはあっても、それらをもとにして新たに城砦を築いたり、さらに発展させたりしようとはしなかった。それどころか大半の城砦は破壊し尽くされ、その痕跡すら残されなかった場合も多かったのである。そして、破壊された城砦の代わりに設けられたのは、簡単な木造城壁と濠を備えた館にすぎなかった。

このような状況に変化が現れたのが、11世紀のフランスの一民族でしかなかったノルマン人によるイングランド侵攻と、彼らの拠点となった城砦の建築である。

ノルマン人の王ウィリアム1世（在位1066～87年）は、わずかな婚姻関係を盾にイギリスに侵攻すると、そこにノルマン人の王朝を建てることに成功した。しかし、ノルマン人はイングランド在住の民にとっては異民族の支配者でしかない。そのためノルマン人の王朝は常に反乱の危険にさらされていた。そこでウィリアムは各地に城砦を築いていったのである。

ウィリアムが造り上げたモット・アンド・ベリー形式の城は、ごく小規模なもので、ローマまでのあいだに発展してきた城塞都市とくらべられるようなものではなかったが、国を治めるための重要な拠点であり、政治の中心地でもあった。

もっとも、これらの城は木造であったから火に弱く耐久性にも欠けていたという。そのため、後年には大半が石造りの天守「キープ」を備えた頑堅なものへと改築されている。

代表的な例はウォーリック城（P50）やヨーク城（P54）などで、

建築当時の様子を残しているのは城が立つ盛り土の丘「モット」と、その正面に広がる「ベリー」と呼ばれる前庭だけだ。

12世紀になると、モット・アンド・ベリー形式をさらに発展させたシェル・キープ形式の城が築かれるようになる。これらの城砦は円筒状の広い「キープ」を備え、それまでの城よりも空間が広く利用できるように工夫が成されていた。こちらの代表例としては、現在でも大学の敷地の一部として使用されているというダラム城（P58）や、映画の撮影で良く使われるワーク・ワース城（P61）がある。

およそ5世紀ぶりに誕生したこれらの新しい形式の城は、まずノルマン人が住んでいたフランスで用いられるようになり、それ以降ヨーロッパでは都市と分離した単独で防衛能力を備えた城主の館、もしくは軍事的施設である城砦が築かれていくのである。

レクタンギュラー・キープ形式もそのような城砦の1つで、矩《く》形《けい》（長方形）型の「キープ」を城壁に囲まれた敷地の中央に配置することで、前述の2つの形式よりも高い防御能力を備えている。

ノルマン王ウィリアム1世が、イングランド侵攻に際して建てたロンドン塔（P66）もレクタンギュラー・キープ形式の城砦で、当時の城砦の中ではかなり強固なものであった。

交通の要所であるドーバーに築かれたドーバー城（P72）は、その保存状態の良さでは最高水準といっても過言ではないだろう。

その後、新しい形式の城砦はローマ時代の遺跡を参考にしたり、十字軍による中東との接触によって急速に発展していくこととなる。

十字軍の侵攻によって、中東で独自の発展を遂げたオリエント風やローマ風の建築様式を目のあたりにしたヨーロッパ人たちは、エドワード式城砦に代表されるコンセントリック型城砦を造り上げていく。外側にある低めの城壁と、その奥にある高めの城壁の2つを重ね、弱点となる城壁の角や中部に円筒状の塔を設けてある堅牢なものだった。外側の城壁に取りかかった敵は、内側の城壁や城壁の角にある塔からの攻撃を受け、ほとんどの場合、城内にたどりつくことなく命を落としていったのである。

中でもフランスにある高名な城砦ガイヤール城（P87）は難攻不落

と名高く、奇策を用いて攻め落とすしかなかった。形状的に洗練されたものも多く、イギリスのボーマリス城（P74）などは未完成でありながらその堂々とした建物は他の城砦とくらべてまったく遜色がない。

高い水準を持つに至った築城技術は、ヨーロッパ各国で独自の発展をとげ、その国々独自の特徴を持つようになっていった。

ドイツではマリエンベルク城（P92）のように細長い天守を持つようになり、イベリア半島のラテン系の国々で用いられた城砦は流入してきたイスラム文化と混じり合い、マンサナレス・エル・レアール城（P98）などに見られる独自の装飾が施されていったのである。

一方、ヨーロッパ全土が戦争による混乱に巻き込まれるようになると、街全体を守ることができる城塞都市も見直されていくようになる。このような都市はローマ時代の城砦や都市をもとにして発展していき、新しく誕生した技術も取り入れられながら改良されていった。フランスの都市カルカソンヌなどはそのような都市の代表例といえるだろう。発展した城塞都市はヨーロッパ中に広がり、最終的には大半の都市がこの形状を取るようになっていったのである。

中東の城砦

ヨーロッパでの城砦の発展とは違い、中東では早い段階でオリエントの遺産から建築技術を学び取り、独自に発展させていったようである。

中東を治めたイスラム教徒は、従来砂漠を旅する遊牧民であり、固有の建築様式を持ってはいなかった。そのため、占領した建物を改修し、モスクなどの自分たちに必要な建築物を築いていったのである。

このような習慣は、古い時代の建築様式を彼らに学ばせ、石造りや煉瓦《れんが》造りの城砦を築かせる原動力となっていく。また、自分たちに有用な知識であれば出自にこだわらずに利用するという民族性もこのことに強く影響しているだろう。

7世紀初頭、イスラム教徒は版図を広げるため、ローマ帝国の末裔であるビザンツ帝国と戦い、そこからさまざまな技術を学び開発していった。異なった文化圏との激しい闘争が、築城技術も急速に進化させていったのである。また、ササン朝ペルシア（226～651年）を併合することにより、彼らの建築が持つ、独特な装飾性も築城技術に取り込んでいったのだ。

それらの技術がさらなる進化を遂げるのは、ヨーロッパから聖地奪還のために攻めこんできた十字軍との戦いを経てのことである。

11世紀から13世紀にかけての十字軍との闘争は、双方の築城技術を飛躍的に高め、中東の地に多くの名城を残すことになった。

たとえば、ローマ帝国時代の城砦跡地に築かれたアレッポ城（P108）は小高い丘の上に建てられており、城外との交通をさまざまな防衛施設を備えた巨大な橋梁《きょうりょう》のみでおこなうという独特の形状をしている。城内に侵入しようとする敵兵はこの橋を通らなければならず、多大な被害をこうむっただろう。

中東の城砦が持つ機能性と装飾性は、西はスペインから東はインドまで幅広い土地に影響を与え、マンサナレス・エル・レアール城（P98）やアーグラ城（P120）、デリー城（P124）などの美しい城を生み出すきっかけとなったのである。

アジアの城砦

アジアの城砦は地域ごとにさまざまな特色を備えており、一目見ただけでも明らかに異質なものとわかるほどだ。これは、アジアの城砦がまったく異なる複数の文明や文化圏から発達してきたことに起因している。

●古代中国

中でも古代中国の城砦はアジアにおける城砦の源流の最も重要なものの１つといえるだろう。

古代中国の城砦は大きく分けて「都城《とじょう》」と「防塞《ぼうさい》」の２つに区分される。

都城は都市や宮殿を内包した巨大な建築物で、オリエントやヨーロッパにおける城壁都市に相当する城砦だ。

『三国志』などさまざまな中国の書物で語られている洛陽も都城の１つで、使用された年代によって漢魏洛陽城《かんぎらくようじょう》（P132）や北魏洛陽城といった名で分類されている。

このほか、長安などの古代からつづく大都市もすべて都城の形式を取っており、歴史は夏《か》王朝の時代までさかのぼることができるという。

防塞は純粋に防衛用の建築物であり、都市機能や政治的な意味合いは少ない。万里の長城（P138）なども防塞の一部といえるだろう。

中国の築城技術はかなり早い段階から確立されており、学問の一分野として研究がおこなわれていたほどであった。これらの技術は日本、朝鮮、ヴェトナムなどの国に対して大きな影響を与えている。

●古代インド

古代インドではインダス川流域に文明圏があり、壮大な城壁都市が発展していた。

インダス文明が残したモヘンジョ・ダロ（P126）は、まるで現代の都市のような整然とした区画に区切られており、上下水道やダストシュートまで備えていたとされる。ただ、どのような生活が営まれていたのかは現在でもはっきりとしたことはわかっていない。

インダス文明が滅んだ後も侵入民族による国家が群生し、城壁都市や城砦はそれぞれの文化圏の様式に合わせて類型的に発展していくことになる。

中でも特に強い影響を与えたのは中東から流入してきたイスラム教徒といえるだろう。

彼らが築いたムガル帝国は、当時からインドにあった建築技術を自分たちのものに取り入れ、ムガル形式の城砦を数多く築き上げている。アーグラ城（P120）は、インド的な木造建築の様式を石造りの建物に生かしつつ、イスラム教徒が持ち込んだ高い技術によって非常に美しい外観を備えていた。

なお、ムガル帝国によってもたらされたイスラムの教えは現在でもインドに残り、文化や生活に影響を与えつづけている。

●東南アジア

東南アジア諸国では、クメール王朝（9～15世紀）のアンコール・トム（カンボジア）のような特色のある王城、城郭都市が発展した。しかし東南アジア諸国の政権は入れ代わりが激しく、長期的に独自の築城技術を発展させた例はほとんど見られない。

16世紀以降になるとインド、東南アジア諸国にはヨーロッパ人の手による植民地城砦が登場する。残念ながらこれらの城砦は、基本的にヨーロッパのものと構造的に大差がなく独自の様式を備えているとはいえない。しかし、大航海時代におけるヨーロッパ人のアジア支配と貿易の拠点としては非常に重要な存在だった。

●日本

日本の城の発展は、他のアジア圏の城にくらべると独特なものであったといえるだろう。これは周囲を海に囲まれた土地であることに起因している。諸外国との戦争がなかったわけではないが、おおむね戦う相手は国内に限定されていた。また、大幅に文化が違う民族の支配も長いこと受けていない。そのため日本の築城技術には劇的な変化はなく、時折もたらされる外国からの刺激にあわせて緩やかに変化していったのである。

だが、16世紀の戦国時代になると大幅な変革期を迎えることになる。基本的には館を防壁で守ったり、天然の要害に砦を設けたものだった日本の城に、特徴的な天守が造られるようになったのだ。

天守は豪奢な瓦葺きの屋根を何段にも重ねて造られていて、まるで西洋のキープのように城の最終的な防衛施設としての役割を果たすようになっている。基本的には日本の城といわれて皆さんが思い浮かべる建物と同一のものと思ってくれて間違いないだろう。

一説によればこの天守の存在は、鉄砲伝来と共に日本に訪れたキリスト教の宣教師たちから伝わったといわれ、当時のキリスト教の呼び名、「天主教」から天守と名づけられたといわれている。

この説が正しいかどうかは置いておくとしても、この時期に織田信《おだのぶ》長《なが》が築いた安土城をはじめさまざまな城が天守を備えるようになり、最終的には日本の城砦のほとんどがこの施設を採用するにいたったのは間違いない。中でも犬山城（P159）などは最古の天守を持つ城といわれ、その資料的な価値は非常に高いといえるだろう。

新しい技術の流入によって爆発的な進化を遂げた日本の城砦建築は、世界遺産にも登録された姫路城（P152）など数多くの名城を誕生させていくのである。

宮殿と要塞

13世紀に一応の完成を見たヨーロッパの城砦であったが、時が経つにつれてその意義や建築理念は大きく変わっていった。

14世紀に入ると、城砦は防御能力よりも快適な居住性や美しい装飾が求められるようになっていくのである。

もちろん防御的な施設が完全に忘れ去られたわけではなく、多くの城砦が塔や濠《ほり》などを備えてはいたが、そのほとんどは装飾的、もしくは形式的な美しさを求めたものにすぎず実用的な意味合いはほとんど失われてしまっていた。

こうした城砦は後に、王の権力や富を象徴するための「宮殿」へと姿を変えていく。

たとえば、フランスのシャンボール城館（P172）は実に400以上もの部屋を持つ巨大で豪奢な城であったが、その防衛施設は飾りに等しく狩猟の際のゲストハウスとして用いられていたにすぎない。さらにルイ14世（在位1643～1715年）が築き、その後フランスの富と栄光の象徴となっていったベルサイユ宮殿（P180）は、もはや防衛施設としての城砦ではなく、ルネサンス芸術の粋を集めた総合的な芸術作品となっている。このような宮殿はヨーロッパ各地に広まっていき、時の権力者たちは競い合うようにして豪奢な宮殿を築いていった。

もちろん、宮殿でも防御施設を残したものも数多くあり、ロシアのクレムリン宮殿（P188）などは、その周囲を長大で堅固な城壁で囲っていた。

14世紀後半から15世紀は、防御的な意味合いにおいても城砦の存在価値が失われつつある時代でもあった。大砲などの火薬を使った兵器が戦場で用いられるようになったのだ。これらの兵器は、いままで敵の攻撃を防ぐのに十分だった城壁をいとも簡単に破壊し、防衛上の拠点であるキープ（天守）や塔を崩した。城砦がその意味を失った瞬間である。

このことは一度は完成したかに見えた城砦の建築様式を覆し、新たな形態を生み出させるのには十分すぎる出来事だった。以降、城砦の建築様式は急速に再編成されていく。

まず、城壁は大砲の直撃を受けても崩れたり、破片を撒き散らさないように分厚い土で造られ、大砲の標的になるような高い建物は排除された。標的になりやすい塔に代わる拠点として、稜堡《りょうほ》と呼ばれる土《ど》塁《るい》を設け、敵の攻撃に備えている。

新しいタイプの城である要塞は、イタリア、オランダ、ドイツ、フランスなどの国々で研究され、日進月歩の発展を遂げていった。

特に、フランスでは築城技師ヴォーバンによって高度な要塞が次々と築かれ、後世の技術者たちに多大な影響を与えることになる。ヴォーバンの設計したリール要塞（P206）は、小説『三銃士』の主人公ダルタニャンのモデルとなった人物が指揮官を務めたことでも知られる高名な要塞で、現在でも軍事施設として使用されている。

もっとも、これらの要塞も戦略と戦術の発展により無力化し、19世紀頃には次第に廃れていった。しかし、「攻撃者と防御者のあいだに障害物を設ける」という思想自体は失われたわけではなく、20世紀の軍事要塞に受け継がれていくことになるのである。

新世界の城砦

ヨーロッパやアジアで城砦が発達していったように、それらの地域との交流が乏しかったアフリカ中央部やアメリカでも城砦の建築はおこなわれていた。

この「新世界」の城砦は、他の土地との文化的交流が少なかったがゆえに独自の発展を遂げていったのである。

●アフリカ

ヨーロッパ社会から「暗黒大陸」と呼ばれていたアフリカ。

われわれが一般的に抱くイメージではサバンナや野生動物についての印象が強いが、実際には数多くの文明が存在しており、さまざまな城砦や石造建築が存在していたらしい。もともとアフリカはエジプト文明の発祥の地である。そのことを考えれば、それらの影響を受けた人々がいたと考えてもなんら不思議なことではない。石や煉《れん》瓦《が》で城砦を築き、その規模もけっして貧弱なものではなかったと推測される。

しかし15世紀からはじまった大航海時代になると、アフリカの国々は近代ヨーロッパの列強諸国によって国土のほとんどを植民地にされてしまった。

その過程で貴重な文化財や資料は破壊され、アフリカの高度な技術を伝える情報の大半が失われてしまったのである。しかも、当時の学者たちの偏見により、現地の人々に文明など築けるはずがないとされていたため、グレート・ジンバブエ（P230）をはじめとする遺跡もヨーロッパや中東の人々が造ったものと考えられていた。もっとも現在では、考古学者たちの調査によって、現地の人々が古くから文明を持っていたことが証明されている。まだまだアフリカの遺跡には、不明な点が多いが、アフリカが自分たちの歴史を取り戻す日はそう遠くないだろう。

●アメリカ

マヤ、アステカをはじめとする中央アメリカとインカやナスカなどの南アメリカの文明は、大航海時代以降もその命脈を保ちつづけ、その存在をヨーロッパの人々に知らしめることとなった。

だが高度な文明や豊富な財力は、ヨーロッパから多くの略奪者を呼び寄せ、彼らの手によって完全に滅ぼされてしまうことになるのである。

しかし、その遺跡まで滅ぼされたわけではない。独自の文字や宗教を持った中南米の人々が残した遺跡はエジプトのものに匹敵する巨大なピラミッドをはじめ、壮大な神殿や堅牢な城砦など多岐にわたっている。そして、それらの遺跡はジャングルの中や、はるかな高地に現在でもその姿を残しているのだ。

アンデスの山中にそびえるマチュ・ピチュ(P224)などは、テレビでも紹介されることが多いので皆さんよくご存知のことかと思われる。

これらの遺跡の建築様式は構造的にも芸術的にも大変優れたものであり、ヨーロッパやアジアの城砦とくらべても見劣りするものではない。しかし、この貴重な遺跡も大半はジャングルの奥地などの劣悪な環境下にあるため研究は遅々として進まず、その大半が多くの謎と共に眠っている。

●植民地時代

新世界の城砦を語るうえで無視することができないのが、侵略者たちによって築かれた植民地支配のための城砦だ。これらは、建築様式的には当時ヨーロッパで建てられていたものとなんら変わることはなかった。しかし、その存在は現地の人々にとって搾取と圧制の象徴として映ったに違いないだろう。

アフリカの城砦では奴隷貿易をおこなうために、奴隷を閉じ込めておく部屋が設けられていることが多かった。そこにはアフリカ各地から非人道的なやり方で集められた人々が、まるで石ころかなにかのように詰め込まれていたといわれている。

ガーナに現在も残るケープ・コースト城（P236）やその周辺に点在する城砦は、このような奴隷貿易にまつわる忌まわしい過去を風化させないための記念館として使われており、訪れる観光客たちに人類の愚行を知らしめている。

近代の城砦

●ヨーロッパ

時代が進むにつれ、城砦はその存在意義を次々と変えていった。火薬を使った武器の発達は戦争の形を大きく変え、城砦は、より防衛能力に特化した要塞と、豪奢な館である宮殿へと姿を変えていった。しかし、ナポレオンの電撃作戦などの戦術戦略の発展は、要塞などの新しい防衛施設さえ無力化していったのである。

そして、王権の凋落《ちょうらく》と民主主義の台頭は政治体制すら変え、建築に強力な権力と莫大な財源を必要とする城砦は姿を消していくことになった。

たとえば日本では、19世紀末に築かれた五稜郭（P218）や竜岡城（P222）を最後に城砦が築かれることはなく、他の国々でも城砦の建築は終焉を迎えていった。

しかし、巨大な防衛施設が人類の歴史上から姿を消したわけではない。

技術の発達は戦車や飛行機といった兵器を生み出し、強力な大砲や爆弾は土や石で築かれた城砦を軽々と打ち破ることができたが、戦争の勝敗を決するのは歩兵による都市の制圧であった。

この歩兵たちの侵攻を防ぎ、国土の安全を守るために、城砦的な防衛施設はまだまだ有効だった。また、このような防衛施設を用いることでより少ない人数で要所を守ることができ、兵士たちの消耗を押さえることもできた。

そこで誕生したのが軍事要塞だ。技術の発達から、かつての城砦建築とはくらべものにならないほど大規模で優れた防御能力を備えていた。特にマジノ線要塞（P212）やジークフリート線のように国境線上に備えられた軍事要塞は、まるで万里の長城（P138）のように大規模で、軍事要塞の集合体とでもいうべき存在である。

●アジア

東洋においても城砦は近代化の影響を受けた。

中国では明・清時代に封建制支配を強固なものとし、支配者の生活上の要求を満たすべく中国式宮殿の建築が進んだ。これら一群の建築は、封建制社会の制度および秩序を表すと同時に、古代からの芸術、技術を反映したものとなっている。

中国式宮殿は中国を治めている政権が、小国が乱立し国内での争いがつづいている状態から、安定した中央集権に移行したことを示す証拠といっていいだろう。

日本では幕末から明治初期にかけて、急速に西洋の築城術が取り入れられることとなった。長いあいだ日本国内だけで戦争をおこない、徳川政権成立以降は城の存在理由自体が失われた日本では、築城技術が停滞していたのだ。

急速に諸外国の脅威にさらされた日本は海外の軍人を招き、西洋の軍事技術を学ぶことでこの脅威に対抗しようとしたのである。こういった経緯で日本に造られた日本の洋式城砦は、おもにフランスの築城術に基づいて作成された。しかしその数は少なく、実際に戦闘を経験したものはほとんどなかったようだ。

中世から近世にかけてのように大規模な戦争こそ起きなくなったものの、現在でも世界各地でいろいろな機能を備えた軍事要塞が築かれている。形状は太古の城砦とはまったく異なるものになってはいるが、そこに流れる思想や基本的な役割は変わりはしないだろう。

城砦は現在でもその姿を変えつつ、われわれの歴史と共に存在しつづけているのである。

索　引

ゴシック体のページ数は項目となっていることを表します。

【あ】

【か】

【さ】

【た】

【な】

【は】

【ま】

【や】

【ら】

【わ】

参 考 文 献

『ACROPOLIS OF ATHENS』 JOHN DECOPOULOS
『Military Architecture』 E.E.Viollet-le-Duc／Greenhill Books,Presidio Press
『THE GREAT MILITARY SIEGES』 NEW ENGLISH LIBRARY
『THE HISTORY OF FORTIFICATION』 IAN HOGG／ORBIS PUBLISHING
『THE MEDIEVAL FORTRESS』 J.E.Kaufmann,H.W.Kaufmann／Greenhill Books
『イギリスの古城』 太田静六著／吉川弘文館
『イギリスの古城を旅する』 西野博道著／双葉社
『イスラム 初期の建築 バグダッドからコルドバまで』 アンリ・スティアリン著／洋販
『イスラムの建築文化』 アンリ・スチールラン著／神谷武夫訳／原書房
『イスラムの誘惑 コンプリートガイドブック』 菊間潤吾監修／新潮社
『インドの建築』 神谷武夫著／東方出版
『NHKスペシャル 四大文明 メソポタミア』 松本建編著／日本放送出版協会
『NHKスペシャル 四大文明 インダス』 近藤英夫編著／日本放送出版協会
『エリアガイド144 オランダ・ベルギー ルクセンブルグ』 橋田淳著／昭文社
『オールカラー完全版世界遺産 第1巻 ヨーロッパ1』 水村光男監修／講談社
『オールカラー完全版世界遺産 第3巻 アジア1』 水村光男監修／講談社
『カラー版 インカを歩く』 高野潤著／岩波書店
『カラー版 日本建築様式史』 太田博太郎監修／美術出版社
『北インドの建築入門 アムリツァルからウダヤギリ、カンダギリまで』 佐藤正彦著／彰国社
『キャッスル 古城の秘められた歴史をさぐる』 D.マコーレイ著／霧敷真次郎訳／ 岩波書店
『究極の美 姫路城』 北村泰生著／世界文化社
『クレムリン宮殿 建築物と秘蔵美術コレクション』 宇多文雄監修／日本テレビ放送網
『幻想都市物語 中世編』 醍醐嘉美と怪兵隊著／新紀元社
『建築全史 背景と意味』 スピロ・コストフ著／鈴木博之監訳／星雲社
『建築学の基礎3 西洋建築史』 桐敷真次郎著／共立出版
『建築巡礼19 ロシアビザンチン 黄金の環を訪ねて』 内井昭蔵著／丸善株式会社
『国政ベーシックシリーズ5 東欧』 百瀬宏ほか著／自由国民社
『古写真が語る名城50 日本の城郭を歩く』 西ヶ谷恭弘著／JTB
『個人旅行35 トルコ』 昭文社
『古代遺跡』 森野たくみ著／新紀元社
『この一冊で世界の歴史がわかる！』 水村光男著／三笠書房
『JTBのポケットガイド101 パリ』 JTB日本交通公社出版事務局
『紫禁城史話 中国皇帝政治の桧舞台』 寺田孝信著／中央公論新社
『週刊ユネスコ世界遺産 第6号 ウェストミンスター宮殿』 講談社
『週刊ユネスコ世界遺産 第12号 アテネのアクロポリス』 講談社

『週刊ユネスコ世界遺産 第13号 ヴェルサイユ宮殿と庭園』 講談社
『週刊ユネスコ世界遺産 第15号 イスタンブールの歴史地区』 講談社
『週刊ユネスコ世界遺産 第17号 フォンテンブロー宮殿と庭園・シャンボール城』 講談社
『週刊ユネスコ世界遺産 第19号 プラハの歴史地区』 講談社
『週刊ユネスコ世界遺産 第32号 マチュ・ピチュ・クスコの市街・ナスカとフマーナ平原の地上絵』 講談社
『週刊ユネスコ世界遺産 第34号 故宮・万里の長城』 講談社
『週刊ユネスコ世界遺産 第36号 タージ・マハル・アーグラ城』 講談社
『週刊ユネスコ世界遺産 第40号 古代都市パルミラ・ダマスカスの旧市街』 講談社
『週刊ユネスコ世界遺産 第48号 モスクワのクレムリンと赤の広場』 講談社
『週刊ユネスコ世界遺産 第74号 ヴィクトリア滝・大ジンバブエ遺跡』 講談社
『城の鑑賞基礎知識』 三浦正幸著／至文堂
『城の見方ハンドブック』 菅井靖雄著／池田書店
『図説西洋建築物語』 ビル・ライズベロ著／下村純一・村田宏訳／グラフ社
『図説 世界文化地理大百科 古代のギリシア』 平田寛監修／小林雅夫訳／朝倉書店
『図説 戦国武将おもしろ事典』 奈良本辰也著／三笠書房
『図説・都市の世界史1』 レオナルド・ベネーヴォロ著／佐野敬彦・林寛治訳／相模書房
『すばらしい世界5　ドイツ・ロマンの旅』 国際情報社
『スペイン・ポルトガルの古城』 太田静六著／吉川弘文館
『西洋建築様式史 上. 下』 F.バウムガルト著／杉本俊多訳／鹿島出版社
『世界遺産地図』 コリン・ウィルソン著／森本哲郎監訳／三省堂
『世界最後の謎 失われた文明を求めて』 日本リーダーズ ダイジェスト社
『世界最大の謎』 F.ウイルキンソン著／教育社訳／教育社
『世界全地図・ライブアトラス』 梅棹忠雄・前島郁雄監修／講談社
『世界帝国ローマの遺構』 太田静六著／理工図書
『世界の家とくらし「城と宮殿」』 A.ジェイムズ著／河津千代訳／リブリオ出版
『世界の建築』 古宇田実・斎藤茂三郎原著／マール社編集部編／マール社
『世界の戦史第5』 林健太郎・堀米庸三編／人物往来社
『世界の大遺跡5 エーゲとギリシアの文明』 三浦一郎編著／江上波夫監修／講談社
『世界の大遺跡9 古代中国の遺産』 樋口隆康編著／江上波夫監修／講談社
『世界の旅-11 ドイツ・オーストリア』 河出出版
『世界の旅-15 ソビエト』 河出出版
『世界の旅-16 東ヨーロッパ』 河出出版
『世界の美術15 フランスB 古寺古城めぐりと珠玉の地方美術館』 主婦の友社
『世界不思議百科 総集編』 C.ウィルソン、D.ウィルソン著／関口篤訳／青土社
『戦国の城 上. 中. 下』 西ヶ谷恭弘著／学習研究社

『戦略戦術兵器事典1 古代中国編』 学習研究社
『戦略戦術兵器事典2 中国中世・近代編』 学習研究社
『戦略戦術兵器事典2 日本戦国編』 学習研究社
『戦略戦術兵器事典3 ヨーロッパ近代編』 学習研究社
『戦略戦術兵器事典4 ヨーロッパ(W. W. Ⅱ)陸海空軍編』 学習研究社
『戦略戦術兵器事典5 ヨーロッパ城郭編』 学習研究社
『戦略戦術兵器事典6 日本城郭編』 学習研究社
『戦略戦術兵器事典7 中国中世・近代編』 学習研究社
『戦略戦術兵器事典 中国編』 学習研究社
『ダルタニャンの生涯―史実の「三銃士」』 佐藤 賢一著／岩波書店
『地域からの世界史9 アフリカ』 川田順造著／朝日新聞社
『地域からの世界史12 東ヨーロッパ』 森安達也・南塚信吾著／朝日新聞社
『地球の歩き方A26 チェコ・ポーランド・スロバキア』 ダイヤモンド社
『地球の歩き方 D01 中国 2003～2004年版』 「地球の歩き方」編集室編著／ダイヤモンド社
『中国建築の歴史』 中国建築史編集委員会編／田中淡訳／平凡社
『中国五千年 第2巻 統一王朝を築いた英傑たち』 世界文化社
『中国五千年 第6巻 覇王の時代から近代国家へ』 世界文化社
『中国の城郭都市』 愛宕元著／中央公論社
『中国の都城① 北京物語』 林田慎之助著／集英社
『中国名勝旧跡事典1』 中国国家文物事業管理局編／鈴木博訳／ぺりかん社
『中国歴史紀行 第一巻 先秦・秦・漢』 陳舜臣監修／学習研究社
『中世城郭の研究』 小室栄一著／人物往来社
『中世の城』 フィオーナ・マクドナルド著／桐敷真次郎訳／三省堂
『中世への旅 騎士と城』 H.プレティヒャ著／平尾浩三訳／白水社
『ドイツ・北欧・東欧の古城』 太田静六著／吉川弘文館
『ドイツ～チェコ 古城街道』 阿部謹也・若月伸一・沖島博美著／新潮社
『トプカプ宮殿の光と影』 N. M. ペンザー著／岩永博訳／法政大学出版局
『なぞ推理シリーズ 激突! 城攻めのなぞ』 井上宗和監修／学習研究社
『日本語版 ヴェルサイユ宮殿 見学のためのガイド・ブック決定版』 LES EDITIONS D'ART
『日本城郭史 名城が語る日本の歴史』 鈴木亨著／東洋書院
『日本城郭大系 第3巻 山形・宮城・福島』 新人物往来社
『日本城郭大系 第7巻 新潟・富山・石川』 新人物往来社
『日本の名城』 文化財調査会編／人物往来社
『日本の名城・古城もの知り事典』 小和田哲男監修／主婦と生活社
『Newton別冊 古代遺跡ミステリー 残された謎と伝説を探る』 教育社

参　考　文　献

『Newton別冊 古代遺跡と伝説の謎 幻の古代ミステリーを探る』 教育社

『万里の長城』 羅哲文ほか著／日比野丈夫監訳／田島淳訳／河出書房新社

『ビジュアル博物館43 騎士』 同朋舎出版

『ビジュアル博物館49 城』 同朋舎出版

『ビジュアル博物館65 中世ヨーロッパ』 同朋舎出版

『ビジュアル博物館73 ロシア』 同朋舎出版

『武器屋』 Truth In Fantasy編集部編著／新紀元社

『復元イラストと古絵図で見る 日本の名城』 全国城郭管理者協議会監修／碧水社

『フランスの城と館』 大澤寛三著／朝日新聞社

『フランス世界遺産の旅』 山田和子著／小学館

『フレッチャー世界建築の歴史 建築・美術・デザインの変遷』

　ジョン・モスグローヴ編／飯田喜四郎・小寺武久監訳／西村書店

『望遠鏡2 イスタンブール』 ガリマール社・同朋舎出版編／同朋舎出版

『望遠鏡10 プラハ』 ガリマール社・同朋舎出版編／同朋舎出版

『幻の戦士たち』 市川 定春著／新紀元社

『別冊歴史読本 日本古城名城物語』 新人物往来社

『ユネスコ世界遺産9 東南ヨーロッパ』 ユネスコ世界遺産センター監修／講談社

『ヨーロッパの古城』 勝井則和著／クレオ

『ヨーロッパの古城 城郭の発達とフランスの城』 太田静六著／吉川弘文館

『ヨーロッパの古城怪奇物語』 井上宗和 著／オンライン出版

『ヨーロッパ 古城ガイド1』 井上宗和著／グラフィック社

『ヨーロッパの城』 井上宗和著／朝日新聞社

『ヨーロッパの城と艦隊』 A.ギイェルム著／大山正史訳／大学教育出版

『ヨーロッパの旅 城と城壁都市』 紅山雪夫著／創元社

『歴史群像 名城シリーズ 名古屋城』 学習研究社

『歴史群像 名城シリーズ 姫路城』 学習研究社

『歴史群像シリーズ43 アドルフ・ヒトラー戦略編 独機甲師団と欧州戦線』 学習研究社

『輪切り図鑑 ヨーロッパの城』 S.ビースティ、R.プラット著／霧敷真次郎訳／岩波書店

『備中松山城 来城記念資料』

池上正太（いけがみ・しょうた）

1976年生まれ。東京都出身。ORG入社後、i-modeゲームのシナリオや、
オンラインゲームのテキストなど、主にゲームの企画・制作や執筆の仕事に携わる。
2003年に独立、現在はフリーのライターとして活動中。

Truth In Fantasy 60

城

2003年9月6日　初版発行
2007年8月6日　2刷発行

著　者――――池上正太とORG

編　集――――株式会社 新紀元社 編集部

発行者――――高松 謙二

発行所――――株式会社 新紀元社

〒101-0054　東京都千代田区神田錦町3-19　楠本第3ビル4F
TEL. 03-3291-0961　FAX. 03-3291-0963
郵便振替 00110-4-27618
http://www.shinkigensha.co.jp/

デザイン――――アトリエ アンパサンド　荒川 実

カバーイラスト――有田 満弘

本文イラスト――有田 満弘

原田 みどり

木村 訓子

印刷・製本――株式会社 シータス

協　力――――株式会社オーイ・アート・プリンティング

ISBN978-4-7753-0164-7
定価はカバーに表示してあります。
Printed in Japan